PONS

101 Witze ENGLISCH

zum Lachen & Lernen

PONS GmbH
Stuttgart

PONS
101 Witze
ENGLISCH
zum Lachen & Lernen

von
Beate Stern

1. Auflage 2021

www.pons.de
E-Mail: info@pons.de

Projektleitung: Majka Dischler
Autorin: Beate Stern
Redaktion: Vanessa Magson-Mann, So to speak, Icking
Logoentwurf: Erwin Poell, Heidelberg
Logoüberarbeitung: Sabine Redlin, Ludwigsburg
Einbandgestaltung und Cover-Illustration: Mariela Schwerdt, Design & Feinschliff Studio
Layout: PONS GmbH, Stuttgart
Satz: tebitron gmbh, Gerlingen
Druck und Bindung: Multiprint GmbH, Kostinbrod

ISBN: 978-3-12-562341-5

WILLKOMMEN IN DER WELT DER WITZE!

Sie möchten Spaß haben und dabei noch etwas lernen? Sie wollen sich amüsieren und gleichzeitig Ihr Englisch trainieren? Möchten Sie bei englischen Witzen mitlachen können oder bei Gelegenheit sogar selbst einmal einen Witz auf Englisch zum Besten geben?

Dann sind Sie genau richtig bei Ihren **101 Witzen Englisch zum Lachen & Lernen**, denn hier ist der Name Programm!

Sie finden im Buch **101 Witze** und kurze, knifflige **Wortspiele** mit Übersetzung und Erklärungen und dazu passende Übungen, die Ihnen einen humorvollen Einblick in die englische Sprache und Kultur geben. Zusätzlich zu Witzen und Wortspielen erfahren Sie Wissenswertes und Skurriles zur Sprache sowie zu Land und Leuten – verpackt in kleine Info-Boxen.

UNTERHALTSAM LERNEN MIT CARTOONS UND ILLUSTRATIONEN

Das Ganze ist garniert mit einer Prise schwarzem Humor und jeder Menge lustiger **Illustrationen** und **Cartoons**.
So sind kurzweilige Unterhaltung und langer Lernspaß garantiert!

ERWEITERN SIE GANZ NEBENBEI IHRE SPRACHKENNTNISSE. SO FUNKTIONIERT'S:

Das Buch ist in zehn Kapitel mit verschiedenen Witzekategorien – von Tierwitzen über Wortspiele, sogenannte **puns**, bis hin zu Arzt- oder Schülerwitzen aufgeteilt. Und natürlich spielen Witze immer auch mit den verschiedensten Klischees.

Jede Doppelseite im Buch besteht aus einer Witzeseite links mit Übersetzung und einer Übungsseite rechts mit **spielerischen Übungen**. Hier wird entweder ein bestimmtes Grammatikphänomen oder der Wortschatz aus dem Witz wieder aufgegriffen bzw. erweitert und kann nun geübt und gelernt werden. Dadurch frischen Sie Ihre Sprachkenntnisse wie von selbst wieder auf!

LOCKERE ÜBUNGEN VON LEICHT BIS SCHWER

Damit Sie die Sprache individuell passend zu Ihrem Lernniveau üben können, stehen Ihnen zu jedem Kapitel lockere **Übungen in drei Schwierigkeitsstufen** zur Verfügung:

★ = leicht

★★ = mittel

★★★ = schwer

LÖSUNGEN ZU DEN ÜBUNGEN AUF JEDER DOPPELSEITE

Mithilfe der **Lösungen** am Seitenrand können Sie direkt im Anschluss an jede Übung überprüfen, ob Sie richtig lagen – ohne umständliches Umblättern.

Kleiner Tipp: Übungen, in die sich noch der Fehlerteufel eingeschlichen hat, wiederholen Sie einfach zu einem späteren Zeitpunkt noch einmal. Wäre doch gelacht, wenn Sie das nicht schaffen!

Wenn Sie die Witze mit Übungen in Ihrem Lernniveau gelesen und geübt haben, können Sie sich auch steigern und schwierigere Übungen angehen.

LOS GEHT'S!

Und nun trainieren Sie sowohl Ihre Lachmuskeln als auch Ihr Englisch mit 101 Witzen und Übungen, frei nach dem Motto: Wer zuletzt lacht, lernt am besten!

Viel Spaß!

Ihre PONS-Redaktion

INHALT

GRAMMATIKBEGRIFFE

conditional perfect	Konditional Perfekt
conditional tense	Konditional
false friend	falscher Freund
future progressive	*future progressive*
gerund	Gerundium
homograph	Homograph
homophone	Homophon
if-clause	If-Satz
modal auxiliary verbs	modales Hilfsverb
opposite	Gegensatz, Gegenteil
(the) passive	Passiv
past participle	Partizip der Vergangenheit
past progressive	*past progressive*
past tense	Vergangenheit
phrasal verb	*phrasal verb*
possessive pronoun	Possessivpronomen
present perfect	Perfekt
present progressive passive	*present progressive* Passiv
present simple	Präsens
pronoun	Pronomen, Fürwort
pun	Wortspiel
question tags	Frageanhängsel

INHALT

1 BEWARE OF THE DOG *

A man walks into a pub and sits down next to a woman with a dog at her feet.
"Does your dog bite?", he asks.
"No," comes the reply.
A few minutes later the man tries to stroke the dog, upon which the dog promptly bites him.
"I thought you said your dog doesn't bite!" the man cries. "That's not my dog."

Ein Mann geht in eine Kneipe und setzt sich neben eine Frau, zu deren Füßen ein Hund sitzt.
„Beißt Ihr Hund?", fragt er.
„Nein", kommt als Antwort.
Ein paar Minuten später versucht der Mann den Hund zu streicheln, woraufhin der Hund ihn prompt beißt.
„Sie sagten doch, dass Ihr Hund nicht beißt!", schreit der Mann.
„Das ist nicht mein Hund."

a dog's life

dog biscuit – Hundekuchen

dog lead – Hundeleine

dog collar – Hundehalsband

dog food – Hundefutter

dog tag – Hundemarke

YOURS OR MINE?

Possessivbegleiter - auch verbundene Possessivpronomen genannt - zeigen ein Besitzverhältnis an und stehen stets vor dem Substantiv. Ergänzen Sie die Sätze mit dem passenden Possessivbegleiter:

my – *mein*
your – *dein*
his – *sein*
her – *ihr*
its – *sein/ihr*
our – *unser*
your – *euer/ihr*
their – *ihr*

1. He complained about .... dog. *(she)*

2. .... dog doesn't bite. *(we)*

3. I love .... sister's dog. *(I)*

4. May I stroke .... dog? *(you)*

A DOG'S BODY

In der Textschnecke sind die englischen Begriffe für den Schwanz, das Fell, die Pfote und die Kralle eines Hundes versteckt. Finden Sie sie? Ein kleiner Tipp: Die beiden letzten Vokabeln reimen sich.

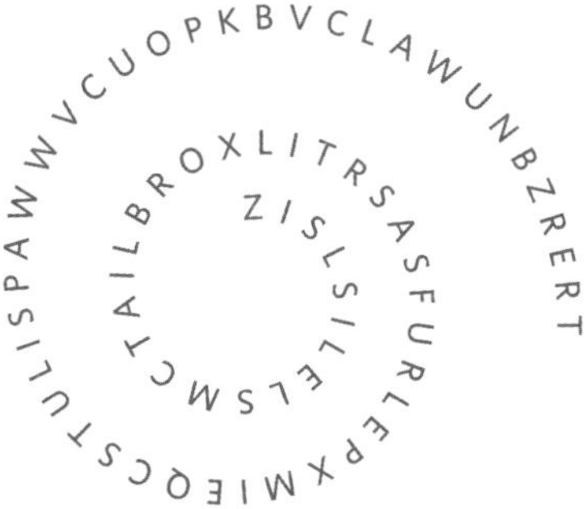

LÖSUNG
Yours or mine?: **1.** her, **2.** Our, **3.** my, **4.** your
A dog's body: **1.** tail, **2.** fur, **3.** paw, **4.** claw

2 ANGRY BEARS ★

If you see an angry grizzly bear approaching a group, what steps do you take?[1]

Big ones. In the opposite direction.[2]

1 „Wenn du einen wütenden Grizzlybär siehst, der sich einer Gruppe nähert, welche Schritte unternimmst du?"
2 „Große. In die entgegengesetzte Richtung."

Wie im Deutschen können **steps** sowohl *Schritte* sein, die ich tatsächlich gehe, oder *Schritte*, die ich *unternehme* – **to take steps**. Auch eine *Stufe* im Außenbereich heißt **step**. **Mind the step** *(Vorsicht Stufe)* ist häufig auf Schildern zu lesen. Zu einer einzelnen *Treppenstufe* sagt man im Englischen **stair. Stairs** im Plural bezeichnen eine komplette *Treppe*, die sich im Inneren eines Gebäudes befindet.

WHICH WAY SHALL WE GO?

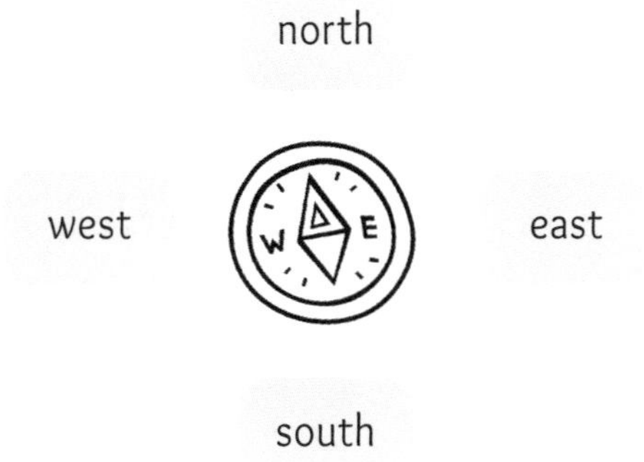

WILD ANIMALS

Setzen Sie die fehlenden Buchstaben ein und entdecken Sie ein weiteres Tier.

						B		A	R				
C	R	O	C	O	D	I		E					
			M	O	N	K		Y					
								E	N	G	U	I	N
						R		I	N	O			
				G	I	R		F	F	E			
				L	I	O							
								I	G	E	R		

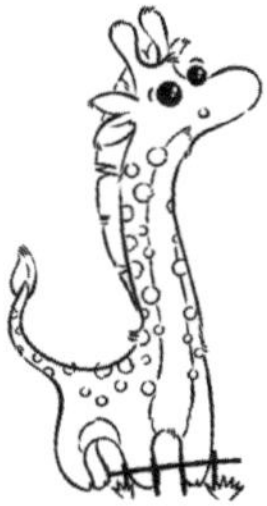

LÖSUNG
Wild animals: elephant

3 TWO PARROTS ★

Two parrots are sitting on a perch.
One says to the other:
“Do you smell fish?”

Zwei Papageien sitzen auf einer Stange
(bzw. auf einem Barsch).
Sagt der eine zum anderen:
„Hier riecht es doch nach Fisch!?“

Der Witz beruht auf einem Wortspiel: **perch** bedeutet Barsch, aber auch Stange, auf der Vögel sitzen.

4 LASSIE'S SON ★

Did you hear Lassie had a son with a Rottweiler?[1]

It rips off your arm, then runs for help.[2]

1 „Hast du schon gehört, dass Lassie einen Welpen von einem Rottweiler bekommen hat?“
2 „Er reißt dir (erst) den Arm ab und rennt dann los, um Hilfe zu holen.“

FAMILY

Wie heißt das männliche oder weibliche Pendant?

son	daughter
1.	sister
uncle	**2.** ....
3.	niece
husband	**4.** ....
5.	mother

DIFFERENT DOGS

In der Wortschlange haben sich vier Hunderassen versteckt. Finden Sie sie?

PISMSPEKINESEZBVNCOWREPOODLENICURMXCKTBULLDOGVEIOMSCHNAUZERTOLM

LÖSUNG

Family: **1.** brother, **2.** aunt, **3.** nephew, **4.** wife, **5.** father
Different dogs: **1.** Pekinese, **2.** poodle, **3.** bulldog, **4.** schnauzer

5 FLEA TAXI ★

Says one flea to the other …
“Shall we walk or take a dog?”

Sagt ein Floh zum anderen …
„Gehen wir zu Fuß
oder nehmen wir einen Hund?“

In London fährt die älteste *U-Bahn* der Welt, die **London Underground**, auch **Tube** genannt. Das Straßenbild Londons wiederum wird geprägt durch die roten *Doppeldecker-Busse*, **double-deckers** und durch die *schwarzen Taxis*, **the black cabs**.

MEANS OF TRANSPORT

Ordnen Sie den Bildern das jeweils passende Verkehrsmittel zu.

1

2

3

4
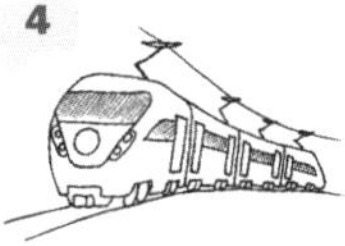

5
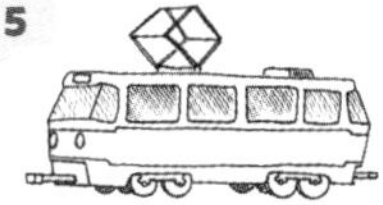

6

7

...... **A** train

...... **B** bus

...... **C** car

...... **D** plane

...... **E** ship

...... **F** tram

...... **G** bicycle

Fahren wir im Deutschen *mit dem Zug*, so heißt es im Englischen **go by train**. Das gilt für alle Fortbewegungsmittel, mit einer Ausnahme:
go on foot – *zu Fuß gehen*.
Im Englischen *fahren Sie ein Auto* – **drive a car** –, und *Sie „reiten" ein Fahrrad* – **ride a bike**.

LÖSUNG
Means of transport: **1.** E, **2.** C, **3.** G, **4.** A, **5.** F, **6.** B, **7.** D

6 HIGH-SPEED SNAILS ★★

A tortoise was walking down a dark street when he was mugged by a gang of snails.
A policeman asked the tortoise if he could explain what happened.
The tortoise looked confused and replied: "I don't know, it all happened so fast."

Eine Schildkröte lief eine dunkle Straße entlang, als sie von einer Bande von Schnecken überfallen wurde.
Ein Polizist fragte die Schildkröte, ob sie erklären könne, was passiert war.
Die Schildkröte schaute etwas verwirrt und erwiderte: „Ich weiß nicht, es ging alles so schnell."

Wussten Sie schon, dass man im Englischen nicht langsam wie eine Schnecke sagt, sondern wie eine *Schildkröte* – **slow as a tortoise**? Im *Schneckentempo* bewegt man sich **at a snail's pace**. Und **slowly but surely**, *langsam aber sicher*, kommt man auch hier besser ins Ziel.
Ist jemand schnell unterwegs, dann ist er vielleicht **as fast as a hare**, *so schnell wie ein Hase*, **(as) quick as a flash**, *blitzschnell*, oder auch **(as) swift as the wind** – *schnell wie der Wind.*

MALE AND FEMALE

Schnecken sind ja bekanntlich Zwitter. Bei einigen anderen Tieren gibt es im Englischen – wie im Deutschen – unterschiedliche Bezeichnungen für das männliche und das weibliche Tier. Wissen Sie, welche beiden Tiere jeweils zusammengehören?

1

(male) dog

2

boar

3

stallion

4

bull

.... **A** mare

.... **B** bitch

.... **C** cow

.... **D** sow

Vielleicht ist Ihnen aufgefallen, dass die Schildkröte in unserem Witz durch das Pronomen **he** vertreten wird? Tiere sind im Allgemeinen sächlich und werden mit **it** bezeichnet. Für Haustiere, mit denen Sie in einer engen Beziehung stehen oder für Tiere, deren Geschlecht bekannt ist, können Sie auch **he** oder **she** verwenden. Mit **it** sind Sie auf jeden Fall immer auf der sicheren Seite.

LÖSUNG
Male and female: **1.** B, **2.** D, **3.** A, **4.** C

7 JUMPING HIGH ★★

A kangaroo keeps escaping out of its enclosure at a zoo. Knowing how high it can jump, the zookeepers put up a ten-metre fence. The next morning it has escaped again, so they put up a twenty-metre fence. The same happens the next day, so they put up a thirty-metre fence.
The monkey in the next enclosure asks the kangaroo: "How high do you think they'll go?"
"About a hundred metres, unless someone remembers to lock the gate at night."

Ein Känguru im Zoo bricht immer wieder aus seinem Gehege aus. Da die Zoowärter wissen, wie hoch es springen kann, errichten sie einen zehn Meter hohen Zaun. Am nächsten Morgen ist es wieder entkommen, also stellen sie einen zwanzig Meter hohen Zaun auf. Am nächsten Tag passiert dasselbe, also stellen sie einen dreißig Meter hohen Zaun auf.
Der Affe im benachbarten Gehege fragt das Känguru: „Was glaubst du, wie hoch werden sie gehen?"
„Etwa hundert Meter, es sei denn, jemand denkt daran, das Tor nachts abzusperren."

Offiziell gilt, wie im Rest Europas, auch in Großbritannien das metrische System. Bei Entfernungen verwendet man aber häufig noch Einheiten, die ihren Ursprung im Mittelalter haben. So werden auf Straßenschildern Entfernungen nach wie vor in **miles** angegeben. **One mile** entspricht ungefähr 1,6 km.

MILES AWAY

Erraten Sie, welche Zahl zu welcher Maßeinheit gehört?

1.	foot	.... **A**	91,44 cm
2.	inch	.... **B**	1,609 km
3.	yard	.... **C**	2,54 cm
4.	mile	.... **D**	30,48 cm

NATIONAL ANIMALS

Welches Land gehört zu welchem Nationaltier wie Australien zum Känguru oder zum Koala?

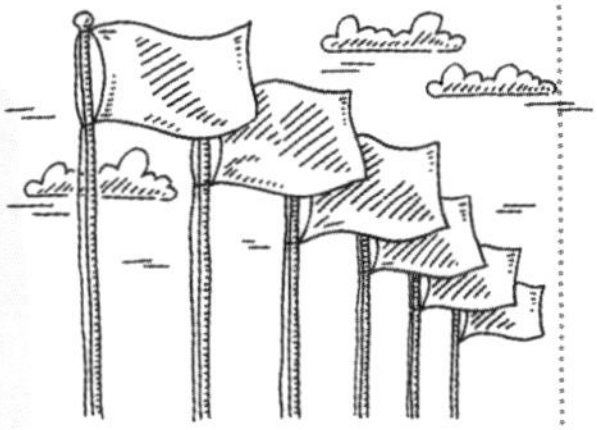

1. Tiger
- ○ **A** Indonesia
- ○ **B** Nepal
- ○ **C** India

2. Bear
- ○ **A** Russia
- ○ **B** Canada
- ○ **C** Finland

3. Cock
- ○ **A** France
- ○ **B** Spain
- ○ **C** Belgium

4. Beaver
- ○ **A** Slovakia
- ○ **B** Canada
- ○ **C** Scotland

LÖSUNG
Miles away: **1.** D, **2.** C, **3.** A, **4.** B
National animals: **1.** C, **2.** A, **3.** A, **4.** B

8 KANGAROOS ★★

Can a kangaroo jump higher than the Empire State Building?[1]

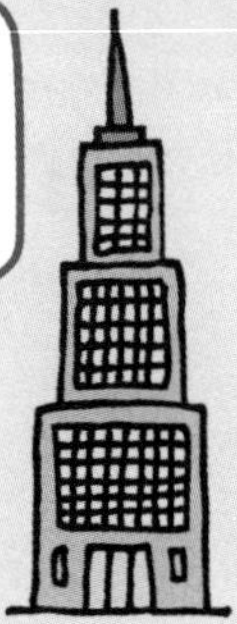

Yes, because the Empire State Building can't jump![2]

1 „Kann ein Känguru höher springen als das Empire State Building?"
2 „Ja, denn das Empire State Building kann nicht springen."

9 THINGS IN COMMON ★★

What do Alexander the Great and Kermit the Frog have in common?[1]

Their middle names.[2]

1 „Was haben Alexander der Große und Kermit der Frosch gemeinsam?"
2 „Den Mittelteil im Namen."

HIGH, HIGHER, (THE) HIGHEST

Alle einsilbigen und die meisten zweisilbigen Adjektive, die auf *-y* enden, steigert man, indem man an die Grundform *-er* (1. Steigerungsform / Komparativ) bzw. *-est* (2. Steigerungsform / Superlativ) anhängt. Bei einsilbigen Adjektiven, die auf einen kurzen Vokal + Konsonant enden, verdoppelt sich der Konsonant: big – bigger. Ein stummes *-e* am Ende eines einsilbigen Adjektivs entfällt: late – later. Bei zweisilbigen Adjektiven, die auf *-y* enden, wird das *y* zu *i*: dirty – dirtier.
Setzen Sie das passende Adjektiv in der richtigen Form ein.

lazy big

late high

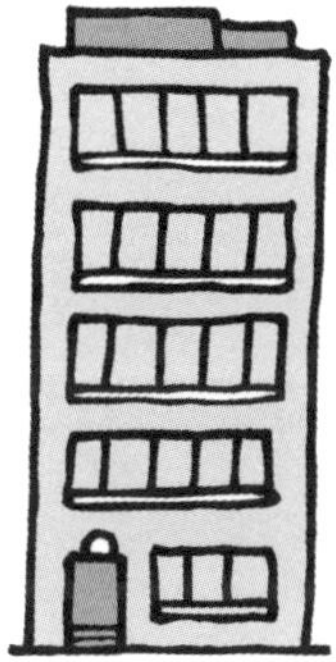

1. One World Trade Center is the .... building in New York City.

2. Lynn is .... than her younger sister Liza.

3. He's the .... boy I've ever known.

4. I'll call you ....

LÖSUNG
High, higher (the) highest: **1.** highest, **2.** bigger, **3.** laziest, **4.** later

10 THE VENTRILOQUIST ★★★

A guy walks into a bar, carrying a crocodile and a chicken. He sets them down on the stool next to him, and says to the uncertain-looking bartender, “I’ll have a Scotch and Soda.” Then the crocodile says, “And I’ll have a Whiskey Sour.” The dumbfounded bartender gasps, “That’s incredible; I’ve never seen a crocodile that could talk!” And the guy says, “He can’t; the chicken is a ventriloquist .”

Ein Mann geht mit einem Krokodil und einem Huhn in eine Kneipe. Er setzt sie neben sich auf einen Barhocker und sagt zu dem etwas irritiert blickenden Barkeeper: „Für mich einen Scotch mit Soda.“ Dann sagt das Krokodil: „Und ich bekomme einen Whiskey Sour.“ Der verdutzte Barkeeper stammelt: „Das ist unglaublich. Ich habe noch nie ein Krokodil gesehen, das sprechen kann!“ Und der Mann erwidert: „Kann es auch nicht – das Huhn ist Bauchredner.“

Whiskey, so die irische und kanadische Schreibweise, oder **whisky** – die schottische – kommt vom gälischen **uisge beatha** und heißt so viel wie *„Wasser des Lebens“*. Hergestellt wird Whisky aus drei Zutaten: Getreide, Wasser und Hefe. Beim beliebten **single malt** wird als Getreide ausschließlich Gerste verwendet.

PUT IT IN THE PAST

Der Barkeeper in unserem Witz sagt "I've never seen ...". Never ist ein Signalwort für the present perfect. Weitere Signalwörter sind beispielsweise already, ever, just, so far und yet. Ergänzen Sie die Lücken mit dem Verb im present perfect oder im past tense.

1. I .... my boyfriend yesterday. *(see)*
2. Last week, I .... your sister. *(meet)*
3. Lucy, ... to Neil yet? *(talk)*
4. Rob, ... you already .... my whiskey? *(order)*
5. Last year we .... our holiday in France. *(spend)*
6. .... you ever .... a man like him? *(date)*

CHEERS!

Bringen Sie die Buchstaben in die richtige Reihenfolge und Sie finden vier Getränke .

1. SNARPLKGI IENW ....
2. EMNLIRA ARTWE ....
3. PEALP IJEUC ....
4. NPIT FO REBE ....

LÖSUNG

Put it in the past: **1.** saw, **2.** met, **3.** have you talked, **4.** have ... ordered, **5.** spent, **6.** Have ... dated

Cheers!: **1.** sparkling wine, **2.** mineral water, **3.** apple juice **4.** pint of beer

11 STOP BARKING ★★★

How can you stop your dog from barking in the back garden?[1]

Put him in the front garden.[2]

1 „Wie kann man seinen Hund davon abbringen, im Garten hinter dem Haus zu bellen?"
2 „Man setzt ihn in den Vorgarten."

Hunde sind in Großbritannien sehr beliebt – ca. 8,5 Millionen leben auf der Insel. **„Paws welcome"**-Schilder sieht man an vielen Pubs, zahlreiche Organisationen wie der **Dogs Trust** kümmern sich ums Hundewohl. Und auf der Seite des Tourismusverbands findet sich sogar ein Cornwall-Reiseführer für Hundehalter, in dem **dog-friendly places to visit** aufgelistet sind.

ANIMAL NOISES

Der Hund in unserem Witz bellt – barks. Finden Sie auch heraus, welches dieser Verben zu welchem Tier passt?

1

2

3

4

.... **A** (to) crow

.... **B** (to) bleat

.... **C** (to) grunt

.... **D** (to) neigh

VERB PATTERNS

Das Gerundium (gerund) wird gebildet aus der Grundform des Verbs und der Endung *-ing* – barking. Es steht z. B. nach Verben, die eine Vorliebe oder Abneigung ausdrücken. Am besten lernen Sie diese Verben auswendig. Nach Verben mit Präpositionen wie in unserem Witz – prevent from – folgt fast immer ein Gerundium. Entscheiden Sie bei diesen Sätzen: Gerundium oder Infinitiv?

1. I enjoy .... in a restaurant. *(eat)*

2. When she was pregnant, she stopped .... *(smoke)*

3. He promised .... me. *(marry)*

4. Neil hates .... to classic music. *(listen)*

5 I hope .... him again next week. *(see)*

LÖSUNG

Animal noises: **1.** C, **2.** D, **3.** A, **4.** B

Verb patterns: **1.** eating, **2.** smoking, **3.** to marry, **4.** listening, **5.** to see

12 BUTCHER'S SHOES ★

Once a wealthy housewife sent her maid to the butcher, "See if the butcher has calves' feet."
A few minutes later the maid was back. "And?"
"I couldn't tell, madam, he was wearing shoes."

Eine reiche Hausfrau schickte einmal ihr Dienstmädchen zum Metzger: „Schau, ob der Metzger Kalbsfüße hat." Nach ein paar Minuten war das Dienstmädchen zurück. „Was ist?"
„Ich konnte es nicht erkennen, gnädige Frau, er hatte Schuhe an."

shoulder
Schulter

head
Kopf

knee
Knie

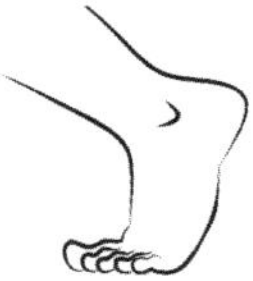

neck
Hals

foot
Fuß

leg
Bein

SHOP TILL YOU DROP

Den *Metzger*, the butcher, haben wir gerade kennengelernt. *Beim Metzger* heißt im Englischen at the butcher's. Wissen Sie auch, wo man diese Produkte oder Dienstleistungen kauft?

at the ...

1. fish
2. bread and cakes
3. a haircut
4. food in general
5. fruit and vegetables
6. medicine

... **A** baker's
... **B** chemist's
... **C** hairdresser's
... **D** fishmonger's
... **E** grocer's
... **F** greengrocer's

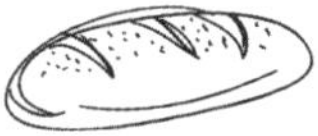

Ganz besondere Läden, auf die man in den Einkaufsstraßen Großbritanniens häufig trifft, sind **charity shops** – Läden, die wohltätige Zwecke unterstützen. Betrieben werden sie meist von Ehrenamtlichen, die dort Kleidung, Bücher und Haushaltsgegenstände verkaufen. **Charities** unterstützen eine große Bandbreite von Organisationen – vom **Red Cross** über die **British Heart Foundation**, bis zu **Oxfam**, eine Organisation, die sich weltweit gegen Hunger und Armut engagiert.

LÖSUNG
Shop till you drop: **1.** D, **2.** A, **3.** C, **4.** E, **5.** F, **6.** B

13 HIDE AND SEEK ★

How did you find your steak, sir?[1]

Quite accidentally. I moved that piece of lettuce and there it was.[2]

1 „Wie fanden Sie Ihr Steak, mein Herr?“
2 „Rein zufällig. Ich schob das Salatblatt zur Seite, und da war es.“

14 A PIG'S MEAL ★

This food isn't fit for a pig![1]

I'm sorry, sir, I'll bring you some that is.[2]

1 „Dieses Essen ist nicht einmal für ein Schwein genießbar.“
2 „Entschuldigen Sie, mein Herr, ich bringe Ihnen eines, das es ist.“

Der Ober in diesem Witz nimmt den Gast beim Wort: **not fit for a pig** – *ungenießbar* – heißt wörtlich: *für ein Schwein nicht geeignet.*

VEGGIE CORNER

pumpkin

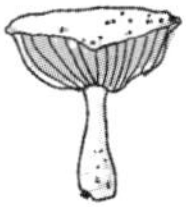

mushroom

pepper

peas

cauliflower

potato

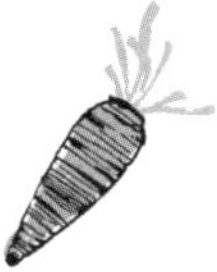

carrot

cucumber

A PIECE OF CAKE

Nach Mengenangaben folgt wie beim piece of lettuce oder piece of cake immer die Präposition of, z. B. a drop of *(ein Schluck)*, a pinch of *(eine Prise)*, a slice of *(eine Scheibe)*, a segment of *(ein Schnitz)*, a loaf of *(ein Laib)*. Was passt zusammen? Im Übrigen bedeutet to be a piece of cake, dass einem etwas leicht von der Hand geht. Wie diese Übung vielleicht?

1.	a slice of	.... **A**	orange
2.	a drop of	.... **B**	salt
3.	a pinch of	.... **C**	bread
4.	a segment of	.... **D**	water
5.	a loaf of	.... **E**	ham

LÖSUNG
A piece of cake: **1.** C, E, **2.** D, **3.** B, **4.** A, **5.** C

15 BEAN SOUP ★★

Waiter! What is this?[1]

It's bean soup, sir.[2]

I don't want to know what it's been. I want to know what it is![3]

1 „Ober! Was ist das?"
2 „Das ist Bohnensuppe, mein Herr."
3 „Ich möchte nicht wissen, was es war, sondern, was es ist!".

Der Witz spielt mit der identischen Aussprache von **bean** = *Bohne* und **been** (Partizip Perfekt von **to be**) = *war/ist gewesen*.
Bekannter als Bohnensuppe dürften **baked beans** *(gebackene Bohnen)* sein. Das sind weiße Bohnen in einer Tomatensoße. Sie gehören neben Eiern, Schinkenspeck, Pilzen, gegrillten Tomaten und Würstchen zu einem **full English breakfast**, dem authentischen *englischen Frühstück*.

WHEN DID YOU DO IT?

Wie to be bildet eine Reihe weiterer englischer Verben unregelmäßige Formen für das past participle aus. Ergänzen Sie.

1. I .... anything all day. *(not eat)*
2. I have just .... a letter to my grandma. *(write)*
3. Have you ever .... sausages for breakfast? *(have)*
4. I have never .... the great lunch we had. *(forget)*

BREAKFAST TIME

Finden Sie die sieben englischen Wörter, die zu einem full English breakfast gehören?

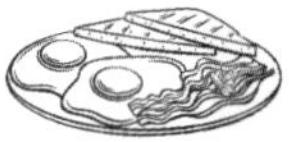

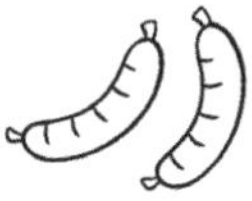

S	Q	O	X	F	Z	P	J	F	W	P
C	B	E	A	N	S	I	N	E	T	I
S	A	N	L	G	H	S	M	N	O	E
J	C	M	S	Y	S	A	Q	I	M	M
E	O	N	P	X	A	N	Q	C	A	O
B	N	Z	A	N	U	I	N	I	T	N
V	T	U	M	U	S	H	R	O	O	M
H	V	T	N	D	A	L	I	J	G	E
K	U	E	O	D	G	X	W	F	F	S
N	J	A	L	U	E	O	M	A	N	I
J	K	Y	I	U	W	X	E	G	G	P

LÖSUNG
When did you do it?: **1.** haven't eaten, **2.** written, **3.** had, **4.** forgotten
Breakfast time: beans, mushroom, egg, bacon, tea, sausage, tomato

16 ENJOY! ★★

1 „Herr Ober, da ist eine tote Fliege in meiner Suppe."
2 „Es ist das heiße Wasser, das sie umbringt."

dessert
Nachspeise

menu
Speisekarte

starter
Vorspeise

side order
Beilage

main course
Hauptgericht

soup
Suppe

WHO, WHICH OR THAT?

Relativpronomen sind unveränderlich und lauten im Singular und Plural gleich. Who und whom verwendet man nur bei Personen, which nur bei Sachen. That und whose können Sie für Personen und Sachen benutzen. Welches Relativpronomen passt hier?

1. There are many things **that | whom** I would like to do.
2. A florist is someone **which | that** sells flowers.
3. The man **to which | to whom** you talked is my father.
4. The girl **who | which** I love always ignores me.
5. I saw the man **which | whose** wife died last week.

RESTAURANT CHAT

Ordnen Sie die Sätze dem Ober bzw. dem Gast zu.

	WAITER	GUEST
1. I'll have the chicken.		
2. Could you bring me the bill, please?		
3. Would you like anything else?		
4. I'd like to offer you a dessert on the house.		
5. We really enjoyed our meal.		

LÖSUNG
Who, which or that?: **1.** that, **2.** that, **3.** to whom, **4.** who, **5.** whose
Restaurant chat: waiter: **3.**, **4.**; guest: **1.**, **2.**, **5.**

17 A NICE GUY ★★

A big intimidating hooligan walks into a bar, bangs his fist on the counter, and shouts, "Give me a Budweiser, or ...!"
Scared, the bartender serves the man his Budweiser.
This happens every day for a week and gradually the bartender turns into a nervous wreck. He asks his wife for advice, and she tells him he should stand up for himself. Easier said than done, he thinks, but he decides to try it nonetheless.
The next day, the hooligan returns.
"Give me a Budweiser, or...!"
"O-r-r-r ... w-w-what?" stutters the bartender.
"A diet Coke."

Ein großer, furchterregender Rowdy kommt in eine Bar, schlägt mit der Faust auf den Tresen und brüllt: „Gib mir ein Budweiser, oder ...!" Verängstigt schenkt der Barkeeper dem Mann sein Budweiser aus.
So läuft es eine Woche lang jeden Tag, und allmählich ist der Barkeeper mit seinen Nerven am Ende.
Er bittet seine Frau um Rat, und sie sagt ihm, er solle sich wehren. Leichter gesagt als getan, denkt er, aber er beschließt, es trotzdem zu versuchen.
Am nächsten Tag kommt der Rowdy wieder.
„Gib mir ein Budweiser, oder ...!" „O-o-o-der ... w-w-was?", stottert der Barkeeper. „Eine Cola light."

Budweiser, ein helles Bier, gehört zur Sorte **lager**. **Ale**, in Großbritannien meistens **bitter** genannt, hat weniger Alkohol und kann hell oder dunkel sein. Fast schwarz und besonders stark ist **stout**, zu dem auch **Guinness** gehört.

MIXED FEELINGS

Unser bartender ist ziemlich nervous. Können Sie auch die folgenden Gemütszustände benennen?

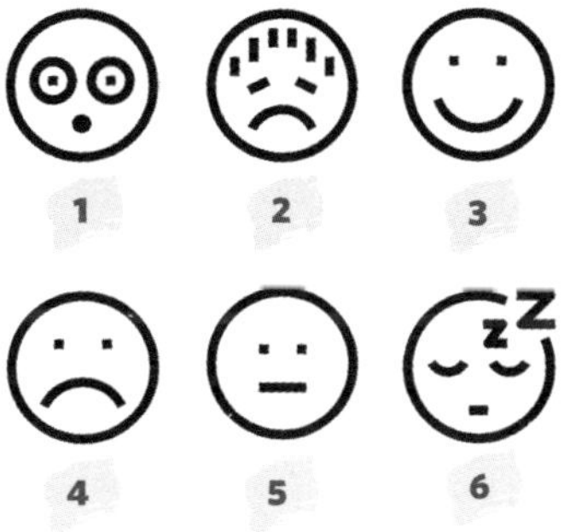

.... **A** worried

.... **B** blissful

.... **C** sleepy

.... **D** surprised

.... **E** angry

.... **F** sick

OPPOSITES

Die Gegensätze dieser Eigenschaften sind durcheinandergeraten. Bringen Sie die Buchstaben in die richtige Reihenfolge.

1.	nervous	**LCOO**	....
2.	serious	**FYNUN**	....
3.	intelligent	**TISUDP**	....
4.	ill	**AHHELYT**	....
5.	terrible	**VOYLEL**	....
6.	busy	**ZAYL**	....
7.	sad	**PYPAH**	....
8.	interesting	**NBOIRG**	....

LÖSUNG
Mixed feelings: **1.** D, **2.** F, **3.** B, **4.** E, **5.** A, **6.** C
Opposites: **1.** cool, **2.** funny, **3.** stupid, **4.** healthy, **5.** lovely, **6.** lazy, **7.** happy, **8.** boring

18 FANCY COOKING ★★

Two bachelors were talking. Their conversation drifted from football to cooking.
"I was given a cookbook once," said the first, "but I could never do anything with it."
"Too much fancy cooking in it, eh?" asked the second.
"That's right. Every one of the recipes began the same way, 'Take a c-l-e-a-n dish and ... '"

Zwei Junggesellen unterhielten sich. Ihr Gespräch driftete von Fußball zum Kochen.
„Ich hab mal ein Kochbuch bekommen", sagte der Erste, „aber ich konnte nie etwas damit anfangen."
„Zu viel Ausgefallenes drin, wie?", fragte der Zweite.
„Das stimmt. Jedes der Rezepte fing gleich an: ‚Nehmen Sie eine s-a-u-b-e-r-e Schüssel und ... '."

to cover
bedecken

to grease
einfetten

to pour
zugeben

to stir
umrühren

batter
Teig

to stew
dünsten

RAILWAY PUDDING

Dieser Nachtisch aus Cornwall heißt so, weil er früher gern im Zug serviert wurde. Setzen Sie die Verben an die passende Stelle.

1. .... oven to 350°F (175° C). .... a pie dish.
2. .... the apples for a short time only in little water.
3. Cream together the margarine and sugar, ... in the egg.
4. .... in the flour and mix to a batter with the milk.
5. .... a layer of batter into the pie dish, ... with the semi-stewed apples and pour over the rest of the batter.
6. .... for about 30 minutes until golden brown.

grease	bake	cover	set
stir	beat	stew	pour

Vorsicht, wenn Sie auf einer englischen Speisekarte einen **pudding** entdecken! **Pudding** kann ein *Nachtisch* sein und wird dann oft warm serviert. Es gibt aber auch salzige Varianten, wie den **Yorkshire pudding**, Backwerk, das man zum *Sonntagsbraten*, dem **Sunday roast**, genießt.

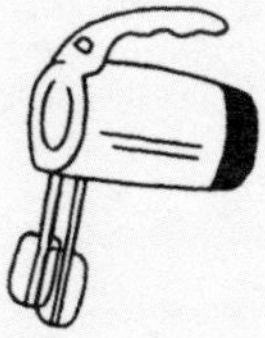

LÖSUNG
Railway pudding: **1.** Set, Grease, **2.** Stew, **3.** beat, **4.** Stir, **5.** Pour, cover **6.** Bake

19 EATING HABITS ★★

The Japanese eat hardly any fat and suffer a lot fewer heart attacks than the British or Americans.
The French, however, eat a lot of fat and also suffer fewer heart attacks than the British or Americans.
The Japanese drink hardly any red wine and suffer fewer heart attacks than the British or Americans.
The Italians, on the other hand, drink excessive amounts of red wine and also suffer fewer heart attacks than the British or Americans.
Conclusion: Eat and drink what you like. It's speaking English that kills you.

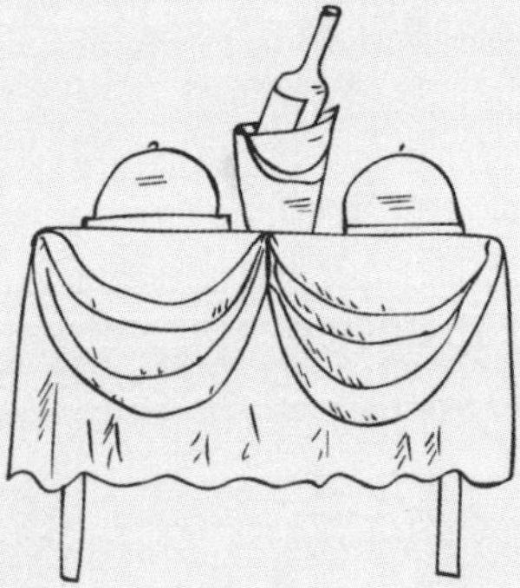

Japaner essen kaum Fett und erleiden viel weniger Herzinfarkte als die Briten oder Amerikaner.
Franzosen allerdings essen viel Fett und erleiden ebenfalls weniger Herzinfarkte als die Briten oder Amerikaner.
Japaner trinken fast gar keinen Rotwein und erleiden weniger Herzinfarkte als die Briten oder Amerikaner.
Italiener trinken andererseits unverhältnismäßig viel Rotwein und erleiden ebenfalls weniger Herzinfarkte als die Briten oder Amerikaner.
Fazit: Iss und trink, was du willst. Englischsprechen bringt dich um.

SOME OR ANY?

Some und any stehen häufig vor unzählbaren Substantiven – hardly any fat – und geben eine unbestimmte Menge an. Für Aussagen und für Fragesätze, auf die man eine positive Antwort erwartet, verwendet man some. Any steht in verneinten Sätzen und in Fragesätzen, deren Antwort ungewiss ist. Entscheiden Sie, ob some or any benötigt wird.

1. Would you like .... more tea?
2. I'd like to have .... wine, please.
3. Do you have .... chocolate?
4. Let's eat .... porridge!
5. Could you lend me .... money?
6. There isn't .... salad left.

BRITISH DELICACIES

Finden Sie heraus, wofür diese Spezialitäten stehen.

1.	bubble and squeak	.... **A**	salzige Teigtasche
2.	Ploughman's lunch	.... **B**	Weihnachtsgebäck
3.	toad in the hole	.... **C**	Resteessen
4.	mince pie	.... **D**	eine Brotzeit

LÖSUNG
Some or any?: **1.** some, **2.** some, **3.** any, **4.** some, **5.** some, **6.** any
British delicacies: **1.** C, **2.** D, **3.** A, **4.** B

20 SELF-DECEPTION ★★★

A diet is a short period of starvation preceding a gain of five pounds.

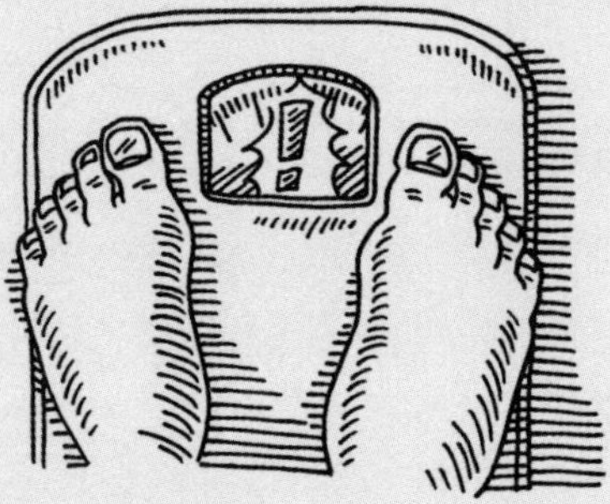

Eine Diät ist eine kurze Zeit des Hungerns, die einer Gewichtszunahme von fünf Pfund vorausgeht.

to lose weight
abnehmen

obese
fettleibig

skinny
dürr

overweight
übergewichtig

slim
schlank

to put on weight
zunehmen

BEAT ABOUT THE BUSH

Wir *reden* ja gerne mal *um den heißen Brei herum* – beat about the bush. Rund ums Essen gibt es auch im Englischen viele Sprüche und Redewendungen. Ergänzen Sie die fehlenden Wörter.

1. a piece of ………… *(kein Kunststück)*
2. to go ………… *(ausflippen)*
3. to be a different kettle of ………… *(auf einem ganz anderen Blatt stehen)*
4. to eat humble ………… *(klein beigeben)*
5. to be in a right ………… *(in der Tinte sitzen)*

…… **A** fish

…… **B** pie

…… **C** stew

…… **D** cake

…… **E** bananas

NEVER EVER …

Bringen Sie diese Sätze in die richtige Reihenfolge und Sie erhalten drei Sprichwörter mit der Bedeutung: 1. Setze nicht alles auf eine Karte. / 2. Freu dich bloß nicht zu früh. / 3. Was passiert ist, ist passiert.

1. Don't | your | basket | eggs | in | all | put | one.
2. Don't | chickens | before | count | are | hatched | they | your.
3. Don't | spilt | milk | over | cry.

LÖSUNG

Beat about the bush: **1.** D, **2.** E, **3.** A, **4.** B, **5.** C

Never ever …: **1.** Don't put all your eggs in one basket., **2.** Don't count your chickens before they are hatched., **3.** Don't cry over spilt milk.

21 YUMMY!

★★★

An old man and a young man work together in an office. The old man keeps a jar of peanuts on his desk, and the young man really loves peanuts. One day, while the old man is out to lunch, the young man yields to temptation and scoffs down over half of the contents of the jar. When the old man returns, the young man guiltily confesses to his crime.
"Don't worry, son. I never eat the peanuts anyway," the old man replies. "Since I lost my teeth, all I can do is suck the chocolate off the M&M's."

Ein alter Mann und ein junger Mann arbeiten zusammen in einem Büro. Der alte Mann hat auf seinem Schreibtisch ein Glas mit Erdnüssen, und der junge Mann isst Erdnüsse für sein Leben gern. Eines Tages, während der alte Mann beim Mittagessen ist, erliegt der junge Mann der Versuchung und verschlingt mehr als die Hälfte des Glasinhalts. Als der alte Mann zurückkommt, gesteht der junge Mann schuldbewusst sein Vergehen.
„Mach dir keine Gedanken, mein Sohn. Ich esse die Erdnüsse sowieso nie", entgegnet der alte Mann. „Seit ich meine Zähne verloren habe, kann ich nur noch die Schokolade von den M&Ms ablutschen."

PHRASAL VERBS

Der junge Mann in unserem Witz yields to temptation, ***er gibt der Versuchung nach.*** **Yield to gehört zu den phrasal verbs – das sind Verben, die fest verbunden sind mit einer Präposition oder mit einem Adverb. Phrasal verbs haben eine eigene Bedeutung; am besten lernt man sie auswendig. Wählen Sie in diesen Sätzen die passende Präposition aus.**

1. What are you looking **after | for**? *(suchen)*
2. Rob wants to drop **by | around** today. *(vorbeischauen)*
3. Can you pick me **on | up** at 8 p.m.? *(abholen)*
4. He doesn't look **about | after** me. *(sich kümmern um)*
5. Please don't hang **down | up**! *(auflegen)*
6. I ran **into | against** Susan yesterday. *(zufällig treffen)*

Wussten Sie, dass einige Produkte, die als typisch britisch gelten, tatsächlich gar nicht (mehr) britisch sind? Zum Beispiel die beliebte **HP Sauce** – eine braune Soße, die gerne zusammen mit Würstchen genossen wird. Sie wird mittlerweile in den Niederlanden hergestellt. **Cadbury**, die Schokoladenfabrik, gehört heute zu einem Großkonzern mit Firmensitz in der Schweiz.

LÖSUNG
Phrasal verbs: **1.** for, **2.** by, **3.** up, **4.** after, **5.** up, **6.** into

22 STRANGE SPOTS ★

A man goes to an optician:

I keep seeing spots in front of my eyes.[1]

Have you seen a doctor?[2]

No, just spots.[3]

Ein Mann geht zum Optiker:
1 „Ich sehe ständig Punkte vor meinen Augen."
2 „Haben Sie einen Arzt aufgesucht (*wörtlich*: gesehen)?"
3 „Nein, nur Punkte."

Britische Witze sind oft Wortspiele, sogenannte **puns**. Dieser Witz spielt mit dem Ausdruck **to see a doctor** – *einen Arzt aufsuchen*. Unser Mann im Witz hat den Ausdruck sehr wörtlich genommen.

LET'S SEE A DOCTOR

Besondere Beschwerden erfordern Spezialisten. Ordnen Sie den englischen Wörtern die deutsche Übersetzung zu.

1.	surgeon	.... **A**	Kinderarzt
2.	paediatrician	.... **B**	Zahnarzt
3.	dentist	.... **C**	Augenarzt
4.	eye specialist	.... **D**	Chirurg

FACE TO FACE

Setzen Sie die fehlenden Buchstaben ein und entdecken Sie ein weiteres Körperteil unterhalb des Kopfes.

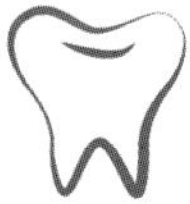

			H	E	E	K
	T		R	O	A	T
			Y	E		
N	O		E			
			O	O	T	H

LÖSUNG
Let's see a doctor: **1.** D, **2.** A, **3.** B, **4.** C
Face to face: chest

23 A TOUCHY PATIENT ★

A man goes to the doctor and says, "Doctor, please help me. I hurt all over."
The doctor asks the man to explain more.
The man says, "When I touch my arm, it hurts. When I touch my leg, it hurts. When I touch my head, it hurts. Everywhere I touch, it hurts."
The doctor examines the man and says, "Mr. Smith, your finger is broken!"

Ein Mann geht zum Arzt und sagt: „Herr Doktor, bitte helfen Sie mir. Mir tut alles weh."
Der Arzt bittet den Mann, dies etwas genauer zu schildern.
Der Mann sagt: „Wenn ich meinen Arm berühre, tut es weh. Wenn ich mein Bein berühre, tut es weh. Wenn ich meinen Kopf berühre, tut es weh. Egal, was ich berühre, es tut weh."
Der Arzt untersucht den Mann und sagt: „Herr Smith, Ihr Finger ist gebrochen."

Wenn Sie leicht *angeschlagen* sind, können Sie im Englischen sagen: **I am feeling a bit under the weather**. Fühlen Sie sich *hundeelend*, dann sind Sie **as sick as a dog**. Und vielleicht sind Sie dann sogar *leichenblass* – **as white as a sheet**.

WHO'S AFRAID OF THE DOCTOR?

Ordnen Sie die Sätze dem Arzt bzw. dem Patienten zu.

	DOCTOR	PATIENT
1. I'll give you some drops.		
2. I'm not feeling well.		
3. It hurts a lot.		
4. I am going to examine you now.		
5. I think my toe is broken.		
6. Your condition is serious.		

GET WELL SOON!

Diese Krankheiten bzw. Beschwerden sind durcheinandergeraten. Bringen Sie die Buchstaben in die richtige Reihenfolge.

1.	Husten	**HCGOU**	....
2.	Fieber	**VRFEE**	....
3.	Erkältung	**OCDL**	....
4.	Kopfschmerzen	**DAHHAECE**	....
5.	Grippe	**UFL**	....

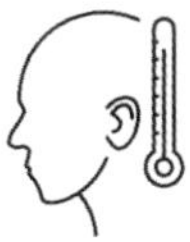

LÖSUNG
Who's afraid of the doctor?: doctor: **1.**, **4.**, **6.**; patient: **2.**, **3.**, **5.**
Get well soon!: **1.** cough, **2.** fever, **3.** cold, **4.** headache, **5.** flu

24 AS RIGHT AS RAIN ★

A man asked his doctor if he thought he'd live to be a hundred.
The doctor asked the man: "Do you smoke or drink?"
"No," he replied, "I've never done either."
"Do you gamble, drive fast cars, or love women?" he asked.
"No, I've never done any of those things either."
"Well, then," said the doctor, "what do you want to live to be a hundred for?"

Ein Mann fragte seinen Arzt, ob dieser glaube, dass er hundert Jahre alt werden würde.
Der Arzt fragte den Mann: „Rauchen oder trinken Sie?"
„Nein", erwiderte er, „beides habe ich nie getan."
„Spielen Sie, fahren Sie schnelle Autos oder lieben Sie Frauen?", fragte er.
„Nein, ich habe auch Derartiges nie gemacht."
„Nun gut", sagte der Arzt, „wozu wollen Sie dann hundert werden?"

Wie sagen Sie es umgangssprachlich, dass es Ihnen gut geht? Wenn Sie **as right as rain** sind, dann fühlen Sie sich *kerngesund*. Auch bei **fit as a fiddle** oder **as fresh as a daisy** geht es Ihnen gut: Sie sind *topfit*.

LEISURE TIME

Was können Sie in Ihrer Freizeit alles tun? Ordnen Sie den Bildern die passende Aktivität zu.

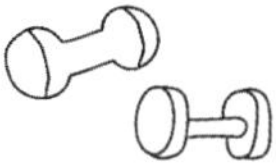
1

2

3

4

5

6

...... **A** listen to music

...... **B** read a book

...... **C** go to the theatre

...... **D** do sport

...... **E** surf the internet

...... **F** paint

EVERYDAY LIFE

Häufigkeitsadverbien wie never, usually, always oder often stehen meist vor dem Vollverb oder, wenn der Satz ein Vollverb und ein Hilfsverb enthält, nach dem Hilfsverb: I've never done that before. Setzen Sie die passenden Wörter in die Lücken.

1. I .... work by bus.
2. I .... breakfast before I go.
3. I .... out for lunch.
4. I .... some food on my way back.

sometimes go | often buy | never have | always go to

LÖSUNG
Leisure time: **1.** D, **2.** A, **3.** F, **4.** C, **5.** E, **6.** B
Everyday life: **1.** always go to, **2.** never have, **3.** sometimes go, **4.** often buy

25 GOOD NEWS? ★★

Doctor to patient:

Arzt zum Patienten:
„Ich habe eine gute und eine schlechte Nachricht. Die gute Nachricht ist, dass Sie kein Hypochonder sind."

Auf **news**, Nachrichten, folgt das Verb immer im Singular: **the good news is …** Spricht man von einer einzelnen Nachricht, kann man **a piece /a bit of news** sagen. Ein anderer Fall ist **information**, *Informationen*; es steht im Englischen nie im Plural. Hier sagt man **some information**, wenn mehr als eine Information gemeint ist.

PLURAL PRACTICE

Im Englischen gibt es Substantive, die immer im Plural stehen – auch das zugehörige Verb steht dann im Plural. Oft sind es Dinge, die aus zwei gleichen Teilen bestehen wie z. B. glasses (*Brille*), trousers (*Hose*), pyjamas (*Schlafanzug*) oder compasses (*Zirkel*). Um die genaue Anzahl dieser Gegenstände zu benennen, verwendet man a pair of / pairs of. Übersetzen Sie:

1. Meine Brille ist neu.

....

2. Wie viele Hosen hast du? – Fünf Stück!

....

3. Ich habe nur einen Schlafanzug.

....

4. Wo sind meine Jeans? Hast du sie gesehen?

....

DO IT YOURSELF

Ordnen Sie den Bildern das passende Pluralwort zu.

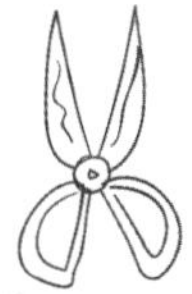

1

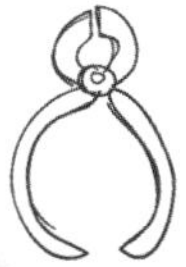

2

3

4

...... **A** scales

...... **B** tongs

...... **C** scissors

...... **D** binoculars

LÖSUNG
Plural practice: **1.** My glasses are new., **2.** How many pairs of trousers do you have? – Five pairs, **3.** I've only got one pair of pyjamas., **4.** Where are my jeans? Have you seen them?
Do it yourself: **1.** C, **2.** B, **3.** A, **4.** D

26 TRUE INNER PEACE ★★

My therapist told me the way to achieve true inner peace is to finish what I start. So far today, I have finished two bags of crisps and a chocolate cake. I feel better already.

Mein Therapeut hat mir gesagt, der beste Weg, um wahren inneren Frieden zu erlangen, bestehe darin, alles fertig zu machen, was ich anfange. So habe ich heute schon zwei Tüten Chips und einen Schokoladenkuchen fertig gegessen. Ich fühle mich schon besser.

27 LAST MINUTE ★★

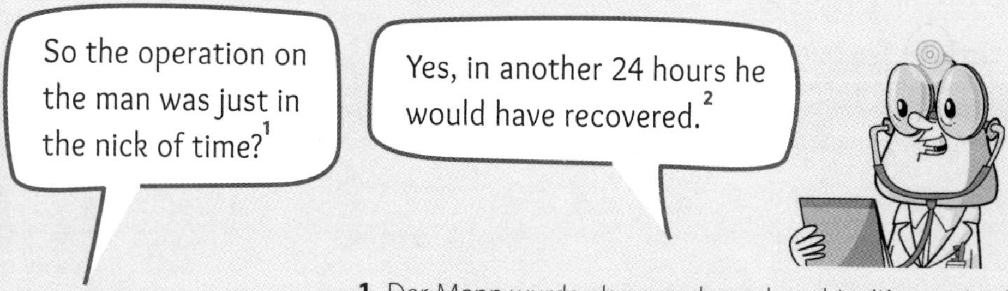

1 „Der Mann wurde also gerade noch rechtzeitig operiert?"
2 „Ja, 24 Stunden später hätte er sich erholt gehabt."

SIMPLY THE BEST

Einige Adjektive haben unregelmäßige Steigerungsformen. Für old gibt es neben der regelmäßigen eine unregelmäßige Form, die für Vergleiche innerhalb einer Familie verwendet wird. Setzen Sie die richtige Steigerungsform des Adjektivs ein.

good	-	better	-	best
bad	-	worse	-	worst
little	-	less	-	least
much/many	-	more	-	most
older	-	elder	-	eldest

1. This is the .... book I've ever read. *(schlecht)*

2. Ben is my .... son. *(alt)*

3. Ann is the .... writer in the class. *(gut)*

4. Today we've got .... time than yesterday. *(viel)*

5. Women often earn .... than men. *(wenig)*

Die Operation in unserem Witz war **just in the nick of time** – *gerade noch rechtzeitig.* Machen Sie etwas **in next to no time**, dann geschieht das *in null Komma nichts.* **From time to time** heißt *ab und zu,* **time and time again** *immer wieder.* Und wenn *die Zeit wie im Flug vergeht,* sagen Sie auch im Englischen: **time flies**.

LÖSUNG
Simply the best: **1.** worst, **2.** elder/eldest, **3.** best, **4.** more, **5.** less

28 VIP LOUNGE ★★

One night in the psychiatric hospital
a patient shouts, "I am Napoleon!"
Another says, "How do you know?"
The first patient says, "God told me."
Just then a voice from the next room
shouts, "I did not!"

Eines Nachts in der Psychiatrie ruft
ein Patient: „Ich bin Napoleon!"
Daraufhin ein anderer:
„Woher willst du das wissen?"
Der erste Patient antwortet:
„Gott hat es mir gesagt."
In diesem Moment ertönt eine Stimme
aus dem Nebenzimmer:
„Habe ich (doch) gar nicht!"

emergency room
Notaufnahme

intensive care unit
Intensivstation

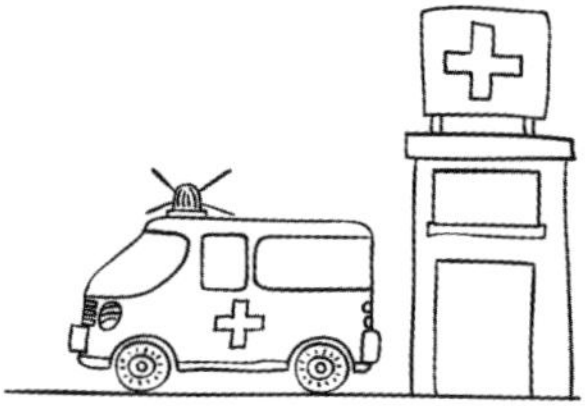

consulting room
Sprechzimmer

operating theatre
Operationssaal

X-ray unit
Röntgenabteilung

DON'T DO IT!

Bei einer Verneinung mit Hilfsverb wird im Englischen häufig die verkürzte Form der Verneinung verwendet: He didn't feel well yesterday. Der Patient im Witz benutzt die Langform "I did not" und verleiht mit seinem not der Verneinung Nachdruck. Setzen Sie die passende Kurzform im Präsens ein.

1. I'm afraid I .... do this.

2. He .... got his money back.

3. I really .... like his dog.

4. Sue .... dating David.

5. We .... seen him for a while.

6. Cathy .... have a boyfriend.

MEDICAL STAFF

In der Textschnecke verstecken sich vier Berufe, die man in einem Krankenhaus findet.

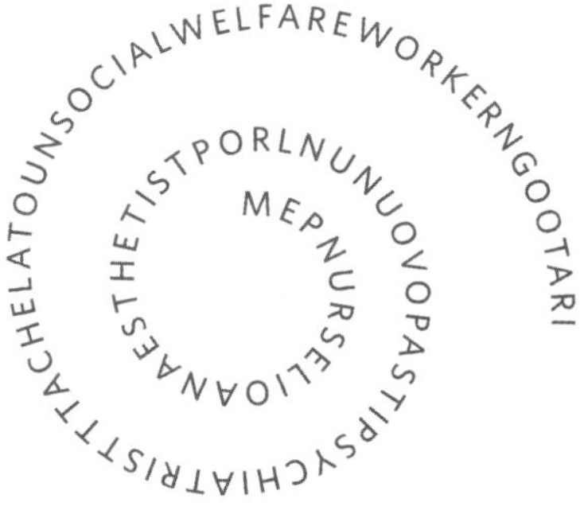

LÖSUNG
Don't do it!: **1.** can't, **2.** hasn't, **3.** don't, **4.** isn't, **5.** haven't, **6.** doesn't
Medical staff: **1.** nurse, **2.** anaesthetist, **3.** psychiatrist, **4.** social welfare worke

29 MEDICAL CIRCLES ★★★

History of medicine
2000 B.C.: Here, eat this root.
1000 A.D.: That root is heathen. Here, say this prayer.
1850 A.D.: That prayer is superstition. Here, drink this potion.
1940 A.D.: That potion is snake oil. Here, swallow this pill.
1985 A.D.: That pill is ineffective. Here, take this antibiotic.
2020 A.D.: That antibiotic is artificial. Here, eat this root.

Geschichte der Medizin
2000 v. Chr.: Hier, iss diese Wurzel.
1000 n. Chr.: Diese Wurzel ist heidnisch. Hier, sprich dieses Gebet.
1850 n. Chr.: Dieses Gebet ist Aberglaube. Hier, trink diesen Trank.
1940 n. Chr.: Dieser Trank ist Quacksalberei. Hier, schluck diese Tablette.
1985 n. Chr.: Diese Tablette ist wirkungslos. Hier, nimm dieses Antibiotikum.
2020 n. Chr.: Dieses Antibiotikum ist künstlich. Hier, iss diese Wurzel.

injection
Spritze

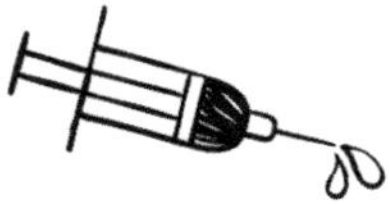

ointment
Salbe

compress
Wickel

drops
Tropfen

suppository
Zäpfchen

ANNO DOMINI

Bitte schreiben Sie die Jahreszahlen aus:

1. 1900 ....

2. 1997 ....

3. 2000 ....

4. 2020 ....

FIRST AID

Ordnen Sie diesen Gegenständen aus dem Erste-Hilfe-Kasten die englischen Vokabeln zu.

1

2

3

4

...... **A** bandage

...... **B** cotton wool

...... **C** tweezers

...... **D** plaster

LÖSUNG

Anno Domini: **1.** nineteen hundred, **2.** nineteen hundred and ninety-seven *oder* nineteen ninety-seven, **3.** two thousand, **4.** two thousand and twenty *oder* twenty twenty

First aid: **1.** D, **2.** A, **3.** B, **4.** C

30 POINTS OF VIEW

A nurse bursts into the doctor's office.
"Doctor!" She yells, "you just gave a clean bill of health to Mr. Samuels and ... and he dropped dead right outside the door!"
The doctor jumps into action. "Quick", he says, "We've got to turn him around so it looks like he was just coming in!"

Eine Krankenschwester stürmt in das Büro des Arztes.
„Herr Doktor!", schreit sie. „Sie haben Herrn Samuels gerade bescheinigt, dass bei ihm kein Befund vorliegt – und er ist draußen direkt vor der Tür tot umgefallen!"
Der Arzt springt auf. „Schnell", sagt er, „wir müssen ihn umdrehen, damit es so aussieht, als würde er gerade hereinkommen!"

A **clean bill of health** attestiert, dass jemand gesund ist oder eine Sache gesundheitlich unbedenklich ist. Einer Firma wird durch eine **clean bill of health** bescheinigt, dass sie wirtschaftlich gesund ist, einem Bauwerk, dass es sicher ist.

PAST PROGRESSIVE

"So it looks like he was just coming in" – der Satzteil steht im **past progressive.** Diese Vergangenheitsform beschreibt Handlungen, die zu einem bestimmten Zeitpunkt in der Vergangenheit über einen begrenzten Zeitraum stattfanden: **What were you doing yesterday around 8?** Sie wird auch verwendet für eine Handlung, die andauert, während ein kurzes Ereignis eintritt: **The phone rang, while you were sleeping.** Gebildet wird das **past progressive** so:

was / were + Verb + -ing

Vervollständigen Sie die Sätze mit dem angegebenen Verb im past progressive.

1. While I .... to him, he checked his mails. *(talk)*
2. Liz .... when I came in. *(read)*
3. I .... this book, when you disturbed me. *(enjoy)*
4. While you .... , dad brought some tea. *(sleep)*
5. It ...., when they left the office. *(rain)*
6. They .... TV, when Paul came back. *(watch)*
7. While we .... at the bus stop, my mother drove past. *(wait)*

LÖSUNG
Past progressive: **1.** was talking, **2.** was reading, **3.** was enjoying, **4.** were sleeping, **5.** was raining, **6.** were watching, **7.** were waiting

31 SLEEP TIGHT

An accountant is having a hard time sleeping and goes to see his doctor:

Doctor, I just can't get to sleep at night.[1]

Have you tried counting sheep?[2]

That's the problem – I make a mistake and then spend three hours trying to find it.[3]

Ein Buchhalter hat Schlafstörungen und geht zu seinem Arzt:
1 „Herr Doktor, ich kann nachts einfach nicht einschlafen."
2 „Haben Sie es schon mit Schäfchenzählen versucht?"
3 „Das ist ja das Problem – wenn ich dabei einen Fehler mache, versuche ich dann drei Stunden lang, ihn zu finden."

snore
schnarchen

pillow
Kissen

alarm clock
Wecker

lullaby
Schlaflied

blanket
Bettdecke

GO BACK TO SLEEP!

Ordnen Sie diese Redewendungen rund ums Schlafen ihren deutschen Entsprechungen zu.

1.	hit the hay	....	**A**	schlaf gut
2.	sleep like a log	....	**B**	wie ein Murmeltier schlafen
3.	sleep on something	....	**C**	sich aufs Ohr hauen
4.	sleep tight	....	**D**	etwas überschlafen

THREE, TWO, ONE – ZERO

Zusammengesetzte Zahlen im Zehnerbereich werden im Englischen mit einem Bindestrich getrennt: 35 – thirty-five. Einer und Zehner werden meist mit einem and an die Hunderter angeschlossen: 406 – four hundred and six. Vor hundred, thousand und million steht a oder one: 1,301 – one thousand three hundred and one. Schreiben Sie diese Zahlen aus:

1. 112 ....

2. 591 ....

3. 2.191 ....

4. 100.000 ....

Zu Shakespeares Zeiten befestigte man Matratzen mithilfe von Seilen am Bettgestell. Zog man am Seil, *zog sich die Matratze zusammen* und wurde härter – **the mattress tightened**. Das ist der Ursprung der Redewendung **sleep tight**.

LÖSUNG
Go back to sleep!: **1.** C, **2.** B, **3.** D, **4.** A
Three, two, one – zero: **1.** a/one hundred and twelve, **2.** five hundred and ninety-one, **3.** two thousand one hundred and ninety-one, **4.** a/one hundred thousand

32 A LOVING HUSBAND ★

It's your birthday coming up and I still don't have any idea what to buy you. Have you got any suggestions?[1]

I want a divorce![2]

I'm terribly sorry, dear, but I wasn't planning on spending that much![3]

1 „Bald ist dein Geburtstag, und ich habe immer noch keine Idee, was ich dir kaufen soll. Hast du irgendwelche Vorschläge?"
2 „Ich will die Scheidung!"
3 „Tut mir schrecklich leid, Schatz, aber ich hatte nicht vor, so viel auszugeben."

get divorced
sich scheiden lassen

get engaged
sich verloben

separate
sich trennen

get married
heiraten

WORD PAIRS

Hier werden Wortpaare gesucht. Ergänzen Sie die Lücken.

1. Husband is to wife as king is to ………………….
2. Uncle is to nephew as aunt is to ………………….
3. Father is to son as mother is to ………………….
4. Old is to age as young is to ………………….
5. Food is to hunger as water is to ………………….
6. Early is to morning as late is to ………………….

……. **A** youth

……. **B** niece

……. **C** evening

……. **D** thirst

……. **E** queen

……. **F** daughter

LET'S CELEBRATE!

In der Wortschnecke haben sich drei wichtige Feste im Jahr versteckt. Finden Sie sie.

LÖSUNG
Word pairs: **1.** E, **2.** B, **3.** F, **4.** A, **5.** D, **6.** C
Let's celebrate!: **1.** Christmas, **2.** Easter, **3.** New Year's Eve

33 POOR MUMMY! ★

The Smith family moved into their new home and a neighbour asked 5-year-old James how he liked it.
"It's great," James said. "I have my very own room now and so does my brother Edward. But poor mummy, she still has to share one with dad ..."

Familie Smith war in ihr neues Haus gezogen, und ein Nachbar fragte den fünfjährigen James, wie es ihm gefalle. „Es ist toll", sagte James. „Ich habe jetzt ein Zimmer ganz für mich alleine und mein Bruder Edward auch. Aber die arme Mami muss immer noch eins mit Papa teilen ..."

kitchen
Küche

living room
Wohnzimmer

bathroom
Bad

bedroom
Schlafzimmer

hall
Flur

MY HOME IS MY CASTLE

Ergänzen Sie diese Wörter rund ums Haus und Sie erhalten ein weiteres.

									A	R	A	G	E
						H	E		T	I	N	G	
									O	O	F		
									O	O	R		
F	U	R	N	I	T	U	R						
						W	I		D	O	W		

INSIDE THE HOME

Diese Möbel und Einrichtungsgegenstände sind durcheinandergeraten. Bringen Sie die Buchstaben in die richtige Reihenfolge.

1. Bild **CEPITRU** ....

2. Bücherregal **LFOOKSHBE** ....

3. Vorhang **UCTARIN** ....

4. Sessel **AHAMRCIR** ....

5. Kleiderschrank **RBDRWOAE** ....

6. Teppich **RECATP** ....

LÖSUNG
My home is my castle: garden
Inside the home: **1.** picture, **2.** bookshelf, **3.** curtain, **4.** armchair, **5.** wardrobe, **6.** carpet

34 LADIES' CHAT ★★

Two ladies of the silver generation are discussing their husbands over tea.
"I do wish that my Elmer would stop biting his nails. He makes me terribly nervous."
"My Billy used to do the same thing," the older woman replies. "But I broke him of the habit."
"How?"
"I hid his teeth."

Zwei betagte Damen unterhalten sich beim Tee über ihre Ehemänner.
„Ich wünschte, mein Elmer würde aufhören, Nägel zu kauen. Damit macht er mich schrecklich nervös."
„Mein Billy hat das auch immer gemacht", erwidert die ältere Dame.
„Aber ich habe ihm das abgewöhnt."
„Wie?"
„Ich habe sein Gebiss versteckt."

Tea rooms sind eine Institution in Großbritannien. Man genießt dort gerne am Nachmittag gemeinsam den **cream tea**. Er besteht aus einer Kanne Tee und warmen **scones** – einem Gebäck mit oder ohne Rosinen. Diese werden mit **jam**, *Marmelade*, und **clotted cream**, *dickem Rahm*, bestrichen.

NOT MY CUP OF TEA!

Setzen Sie in diese Anleitung zum Teekochen die passenden Verben ein.

1. .... water, using a kettle.
2. .... your teapot.
3. .... tea into teapot and add hot water.
4. .... a timer.
5. .... the tea leaves.
6. .... milk and sugar, according to taste.

...... **A** Put
...... **B** Add
...... **C** Boil
...... **D** Set
...... **E** Warm up
...... **F** Remove

DO YOU KNOW YOUR TEAS?

Welche Aussage ist richtig, welche falsch? Kreuzen Sie an.

	RIGHT	WRONG
1. English breakfast tea is a blend of different teas.	●	●
2. Herbal tea is a kind of black tea.	●	●
3. Earl Grey tea is flavoured with bergamot oil.	●	●
4. Second flush is the best quality of tea.	●	●
5. Small tea quantities are grown in Cornwall.	●	●
6. Green tea and black tea grow on different plants.	●	●

LÖSUNG
Not my cup of tea!: **1.** C, **2.** E, **3.** A, **4.** D, **5.** F, **6.** B
Do you know your teas?: right: **1.**, **3.**, **5.**, wrong: **2.**, **4.**, **6.**

35 BLIND DATE ★★

A bachelor joins an online dating site.
“I want a companion who is small, cute, loves water sports and group activities.”
The response? “Marry a penguin.”

Ein Junggeselle registriert sich auf einem Dating-Portal.
„Ich möchte eine kleine, süße Partnerin, die Wassersport und Gruppenaktivitäten liebt."
Die Antwort? „Heiraten Sie einen Pinguin."

36 CHRISTMAS DINNER ★★

Mummy, Mummy can we have a dog for Christmas?[1]

No, we’ll have turkey like everyone else![2]

1 „Mami, Mami, können wir zu Weihnachten einen Hund haben?"
2 „Nein, wir essen Truthahn wie alle anderen auch!"

CONFIRMED BACHELORS

Ein confirmed bachelor ist ein *eingefleischter Junggeselle*. Der *Junggesellenabschied* heißt im Englischen stag night, Frauen feiern zu diesem Anlass die hen night. Kennen Sie auch diese Wörter rund ums Beziehungsleben?

1.	ledig	**NSILGE**	....
2.	Verlobter	**NACFÉI**	....
3.	Ehepartner	**USOSEP**	....
4.	Junggesellin	**ABHTTELOCREE**	....
5.	Witwer	**IOWWERD**	....

MERRY CHRISTMAS!

Setzen Sie bei diesen britischen Bräuchen rund um Weihnachten die fehlenden Wörter ein.

1. Children hang up their ....

2. People sing Christmas ....

3. The Queen traditionally holds a ....

4. Christmas .... is often served for dessert.

5. Homes are decorated with holly, ivy and ....

speech mistletoe stockings carols pudding

LÖSUNG
Confirmed bachelors: **1.** single, **2.** fiancé, **3.** spouse, **4.** bachelorette, **5.** widower
Merry Christmas!: **1.** stockings, **2.** carols, **3.** speech, **4.** pudding, **5.** mistletoe

37 JUST MARRIED? ★★

When we were first married, you took the small piece of steak and gave me the larger. You don't love me anymore ...[1]

Nonsense, darling. You cook better now.[2]

1 „Als wir frisch verheiratet waren, hast du dir das kleinere Steak genommen und mir das größere gegeben. Du liebst mich nicht mehr ..."
2 „Blödsinn, Liebling. Du kochst jetzt besser."

Auch in Großbritannien gibt es bei einer Hochzeit *Trauzeugen* – **witnesses**. Der *Trauzeuge* des Bräutigams ist der **best man**. Die Braut hat *Brautjungfern* – **bridesmaids**, deren wichtigste **maid of honour** genannt wird. Sie hilft der Braut beim Anlegen des Hochzeitkleides. Der **pageboy** ist ein Junge, der die Braut in die Kirche begleitet. Er darf die Trauringe auf einem Kissen tragen.

EASILY DONE

Adverbien beschreiben eine Tätigkeit genauer. Sie können sich wie in unserem Witz auf ein Verb beziehen: "You cook better now". Ebenso können sie sich auf ein Adjektiv, auf ein weiteres Adverb oder auf einen kompletten Satz beziehen. Regelmäßige Adverbien bildet man durch Anhängen von -ly an das Adjektiv. Entscheiden Sie, ob in den Sätzen ein Adjektiv oder ein Adverb gebraucht wird.

1. My wife is an **excellent | excellently** cook.
2. She speaks English **perfect | perfectly**.
3. Please drive **careful | carefully**.
4. This bride is **beautiful | beautifully**.
5. I'm **terrible | terribly** sorry.
6. His best man held his speech **proud | proudly**.

WEDDING TRADITIONS

Setzen Sie diesen Spruch, den eine Braut am Tag ihrer Hochzeit nach altem Brauch berücksichtigen sollte, richtig zusammen.

1.	Something old,	.... **A**	something blue
2.	something borrowed,	.... **B**	in her shoe
3.	and a silver sixpence	.... **C**	and dreams come true
4.	to make all her wishes	.... **D**	something new

LÖSUNG
Easily done: **1.** excellent, **2.** perfectly, **3.** carefully, **4.** beautiful, **5.** terribly, **6.** proudly
Wedding traditions: **1.** D, **2.** A, **3.** B, **4.** C

38 LOVING LIES ★★

1 „Sie hat gesagt, ich sei interessant, mutig und intelligent."
2 „Du solltest niemals eine feste Beziehung mit einem Mädchen eingehen, das dich gleich von Anfang an belügt."

39 FATHER'S BRAINS ★★

1 „Glaubst du nicht, dass unser Sohn seine Intelligenz von mir hat?"
2 „Wahrscheinlich. Ich habe meine noch."

HIS OR HERS

Possessive pronouns ersetzen ein vorangegangenes Substantiv und können alleine stehen.

Ergänzen Sie die Sätze.

mine	ours
yours	yours
his	
hers	theirs
its	

1. Is it his computer or ....? *(ihrer)*
2. Which car are we going to take? Yours or ....? *(unseres)*
3. Please give me that bag. It is .... *(meine)*
4. Is this my pencil? Yes, it is .... *(deiner)*
5. They bought this house. It is .... *(ihres)*
6. Give him this toy! It is ....! *(seines)*

Eine kleine Anleitung fürs Verliebtsein: **To fancy someone** heißt *auf jemanden stehen*. Wenn Sie *sich Hals über Kopf in jemanden verlieben*, sagt man **(to) fall head over heels in love**. Und wenn Sie *in jemanden verknallt* sind, dann haben Sie **a crush on someone**.

LÖSUNG
His or hers: **1.** hers, **2.** ours, **3.** mine, **4.** yours, **5.** theirs, **6.** his

40 A BIG SISSY ★★

One summer evening during a violent thunderstorm a mother is putting her son to bed. She's about to turn off the light when he asks, his voice trembling, "Mummy, will you sleep in my bed tonight?"
The mother smiles and gives him a reassuring hug. "I can't, dear," she says. "I have to sleep in Daddy's room."
There is a long silence, which is broken at last by the child's shaky voice: "The big sissy."

An einem Sommerabend, als es heftig gewittert, bringt eine Mutter ihren Sohn ins Bett. Als sie das Licht ausschalten will, fragt er mit zitternder Stimme: „Mami, schläfst du heute Nacht bei mir im Bett?"
Die Mutter lächelt und umarmt ihn, um ihn zu beruhigen. „Das geht nicht, mein Liebling", sagt sie. „Ich muss in Papis Zimmer schlafen."
Es herrscht langes Schweigen, das schließlich von der zittrigen Stimme des Kindes gebrochen wird: „So ein jämmerlicher Waschlappen."

Der Junge bezeichnet seinen Vater als **sissy**, einen *Waschlappen*. Dieses Schimpfwort leitet sich von **sister** ab. Ein **coward** ist ein *Feigling*, der *Faulpelz* heißt im Englischen **lazybones** und ein *Volltrottel* ist ein **blithering idiot**. Jemand, der nicht mehr alle Tassen im Schrank hat, **has lost his marbles** – hat, ganz wörtlich, *seine Murmeln verloren*.

NICE WEATHER, ISN'T IT?

Wie ist das Wetter? Bringen Sie die Buchstaben in die richtige Reihenfolge. It's ...

1

ULDCYO

2

WSOGINN

3

NRINIGA

4

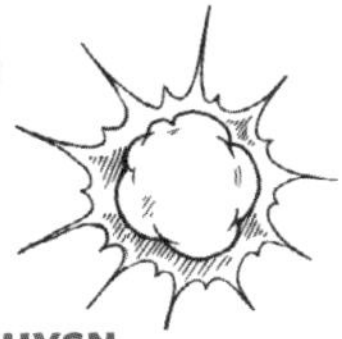

NUYSN

COME RAIN OR SHINE

Das Wortgitter enthält fünf Begriffe rund ums Thema Wetter.

S	R	O	X	F	Z	P	J	F	W
C	A	R	T	A	G	I	N	O	S
L	I	G	H	T	N	I	N	G	S
J	N	M	S	Y	Y	A	Q	I	S
E	B	T	H	U	N	D	E	R	S
B	O	Z	A	N	T	I	N	I	O
H	W	A	N	D	A	L	I	J	G
K	U	W	O	S	T	O	R	M	F
N	J	X	L	U	R	O	M	A	N

LÖSUNG
Nice weather, isn't it?: **1.** cloudy, **2.** snowing, **3.** raining, **4.** sunny
Come rain or shine: **1.** lightning, **2.** thunder, **3.** storm, **4.** rainbow, **5.** fog

41 ARITHMETIC

★★★

"If you had one dollar and you asked your father for another, how many would you have?" the teacher asks the little boy.
"One dollar," replies the boy.
"You don't know your arithmetic," says the teacher.
"No," replies the boy. "You don't know my father."

„Wenn du einen Dollar hättest und deinen Vater um einen weiteren bitten würdest, wie viele Dollar hättest du dann?", fragt der Lehrer den kleinen Jungen.
„Einen Dollar", antwortet der Junge.
„Du kannst nicht rechnen", sagt daraufhin der Lehrer.
„Nein", erwidert der Junge. „Sie kennen meinen Vater nicht."

plus

multiplied by

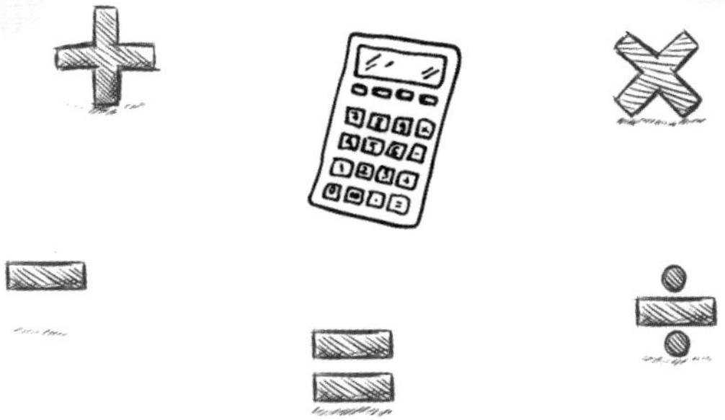

minus

divided by

equals

IF I WERE YOU

If-clauses sind Nebensätze, in denen eine Bedingung für eine weitere Handlung gestellt wird. Bei if-clauses vom Typ 2 ist die Bedingung eher unwahrscheinlich, dann gilt:

if-Satz	→	Hauptsatz		
past simple	→	would	+	Infinitiv

Aus be wird in diesem Fall im if-Satz immer were. Ergänzen Sie die Sätze.

1. If I .... *(have)* a million pounds, I .... *(travel)* the world.

2. I .... *(go shopping)* on Sunday, if the shops .... *(be)* open.

3. If you .... *(learn)* more, you .... *(get)* better marks.

4. If I .... *(be)* you, I .... *(take)* the job.

Know kann für *können, wissen,* aber auch für *kennen* stehen: **I know him** – *Ich kenne ihn.* **He doesn't know much German**. – *Er kann wenig Deutsch.* **You really know a lot**. – *Du weißt wirklich viel.*

LÖSUNG
If I were you: **1.** had, would travel, **2.** would go shopping, were, **3.** learned, would get, **4.** were, would take

42 KEEP CALM, ALBERT ★★★

A man in a supermarket is pushing a trolley which contains, among other things, a screaming baby.
The gentleman keeps repeating softly, "Don't get excited, Albert; don't scream, Albert; don't yell, Albert; keep calm, Albert."
A woman standing next to him says, "You certainly are to be commended for trying to soothe your son Albert."
The man looks at her and says, "My dear lady, I'm Albert."

Ein Mann im Supermarkt schiebt einen Einkaufswagen, in dem sich unter anderem ein schreiendes Baby befindet.
Der Mann wiederholt die ganze Zeit mit sanfter Stimme: „Reg dich nicht auf, Albert. Schrei nicht rum, Albert. Brüll nicht, Albert. Bleib ruhig, Albert."
Eine Frau, die neben ihm steht, sagt zu ihm: „Man muss Sie wirklich dafür loben, wie Sie versuchen, Ihren Sohn Albert zu beruhigen."
Der Mann schaut sie an und sagt: „Gute Frau, ich bin Albert."

Feste *Ladenschlusszeiten*, **shop closing times**, gibt es in Großbritannien nicht. Auch **Sunday trading** – eine *Ladenöffnung an Sonntagen* – ist erlaubt. Manche Supermärkte sind rund um die Uhr geöffnet; man nennt sie **24 hour stores**. Auch kleinere Lebensmittelgeschäfte in den Städten sind fast immer geöffnet – die sogenannten **eight-till-late shops**.

THE PASSIVE

Das Passiv hebt eine Handlung hervor, nicht die handelnde Person. Man bildet es mit einer Form von be + past participle: You are to be commended – ***Man muss Sie loben*****. Ergänzen Sie die Sätze.**

1. Our car .... *(have to, repair)*

2. A lot of money .... from the safe. *(steal)*

3. Our door .... every night. *(lock)*

4. This house .... last year. *(built)*

5. All passengers .... to leave the train now. *(request)*

6. This room .... for a long time. *(not clean)*

IN THE SUPERMARKET

trolley
Einkaufswagen

shopping basket
Einkaufskorb

bank card
Bankkarte

card reader
Kartenlesegerät

cash register
Kasse

LÖSUNG
The passive: **1.** has to be repaired, **2.** was stolen, **3.** is locked, **4.** was built, **5.** are requested, **6.** hasn't been cleaned

43 EVOLUTION THEORIES ★★★

A little girl asked her mother where the human race came from.
The mother answered, "God made Adam and Eve and so all mankind was made."
The girl asked her father the same question, who answered, "Many years ago there were monkeys from which the human race evolved."
The confused girl returned to her mother and said, "How is it possible that you told me the human race was created by God, and Dad said we came from monkeys?"
The mother smiled, "I told you about my side of the family and your father told you about his."

Ein kleines Mädchen fragte seine Mutter, wovon eigentlich der Mensch abstamme.
Die Mutter antwortete: „Gott hat Adam und Eva geschaffen, und so wurde die gesamte Menschheit erschaffen."
Das Mädchen stellte seinem Vater dieselbe Frage; der antwortete: „Vor vielen Jahren gab es Affen, und aus diesen entwickelte sich der Mensch."
Das verwirrte Mädchen kehrte zu seiner Mutter zurück und sagte: „Wie kann es sein, dass du mir gesagt hast, der Mensch wurde von Gott geschaffen, und Papa sagte, wir stammen von Affen ab?"
Die Mutter lächelte: „Ich habe dir von meiner Familie erzählt und dein Vater von seiner."

ODD ONE OUT

Entscheiden Sie, welches Wort nicht in die jeweilige Reihe passt.

1. mankind | humanity | individual | people
2. disoriented | organised | confused | baffled
3. answer | reply | reaction | problem
4. vanish | evolve | develop | grow
5. create | conceive | destroy | design
6. smile | grin | laugh | frown
7. terminate | come from | derive from | originate
8. investigation | query | reply | question

Charles Darwin mit seiner Evolutionstheorie ist nur einer in einer langen Reihe britischer Forscher und Entdecker. Auch **Alexander Fleming**, der Entdecker des Penicillins, **Michael Faraday**, der die Faradayschen Gesetze formulierte, oder **Isaac Newton**, der unter anderem das erste Spiegelteleskop baute, waren Briten. Zu den berühmtesten britischen Entdeckern gehört **Sir Francis Drake** – der erste Brite, der im 16. Jahrhundert die Welt umsegelte.

LÖSUNG
Odd one out: **1.** individual, **2.** organised, **3.** problem, **4.** vanish, **5.** destroy, **6.** frown, **7.** terminate, **8.** reply

44 MARITAL DIET

Two Yuppettes are shopping. When they start to discuss their home lives, one says, “Seems like all Jonathan and I do anymore is fight. I’ve been so upset, I’ve lost 20 pounds.”
“Why don’t you just leave him then?” asks her friend.
“Oh! Not yet,” the first replies, “I’d like to lose at least another 15 pounds first.”

Zwei Yuppie-Frauen sind beim Einkaufsbummel. Als sie anfangen, sich über ihr Familienleben zu unterhalten, sagt die eine: „Irgendwie streiten Jonathan und ich nur noch. Ich habe mich schon so geärgert, dass ich 20 Pfund abgenommen habe.“
„Warum verlässt du ihn dann nicht?“, fragt ihre Freundin.
„Oh, jetzt noch nicht“, antwortet die erste. „Ich möchte zuerst noch mindestens 15 Pfund abnehmen.“

Pound ist sowohl die britische Währung als auch eine Gewichtseinheit. Das angloamerikanische Pfund wiegt weniger als das deutsche: Es entspricht ca. 454 Gramm. Und eingekauft wird **by the pound** – *pfundweise*.

HOME LIFE

Ordnen Sie die Redewendungen rund ums home ihren deutschen Entsprechungen zu.

1.	the lights are on, but there's nobody home	.... **A**	seine Schäfchen im Trockenen haben
2.	to be home and dry	.... **B**	trautes Heim, Glück allein
3.	to bring home the bacon	.... **C**	es sich gemütlich machen
4.	home, sweet home	.... **D**	ein zweites Zuhause sein
5.	make oneself at home	.... **E**	die Brötchen verdienen
6.	to be home from home	.... **F**	jemand ist nicht besonders helle im Kopf

YOUNG URBAN PROFESSIONALS

Den YUPPY kennen wir ja auch im Deutschen. Aber was ist ein DINK(Y); ein WOOF, ein SNERT oder ein MUPP(Y)? Finden Sie heraus, wofür diese Akronyme stehen.

1. rude | nosed | teenager | snot | egoistical
2. folk | off | well | older
3. no | income | kids | double
4. professional | aged | middle | urban

LÖSUNG
Home life: **1.** F, **2.** A, **3.** E, **4.** B, **5.** C, **6.** D
Young urban professionals: **1.** snot-nosed, egoistical, rude teenager, **2.** well-off older folk, **3.** double income no kids, **4.** middle-aged urban professional

45 DENTAL PAIN ★

What's the best time for a dental appointment?[1]

Tooth-thirty.[2]

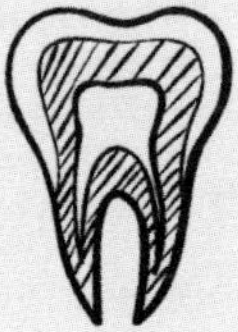

1 „Was ist die beste Uhrzeit für einen Zahnarzttermin?“
2 „14.30 Uhr.“

Dieser Witz spielt mit dem ähnlichen Klang der Uhrzeit **two-thirty** – *2 Uhr 30* – und **tooth** *(Zahn)*, **hurt(y)** *(schmerzen)*. Für 2 Uhr 30 können Sie im Englischen auch **half two** sagen, was aber nicht mit dem deutschen *halb zwei* zu verwechseln ist.

... on the dot
Punkt ...

quarter to
Viertel vor

quarter past
Viertel nach

half past
halb

WHAT'S THE TIME?

Ordnen Sie den Sätzen die richtige Uhrzeit zu.

1.	It's a quarter past eight.	.... **A**	8:30
2.	It's ten to eight.	.... **B**	10:08
3.	It's a quarter to eight.	.... **C**	8:15
4.	It's eight past ten.	.... **D**	8:10
5.	It's half past eight.	.... **E**	7:45
6.	It's eight ten.	.... **F**	7:50

BRUSH YOUR TEETH

In der Textschnecke sind vier Dinge versteckt, die Sie zum Zähneputzen benötigen.

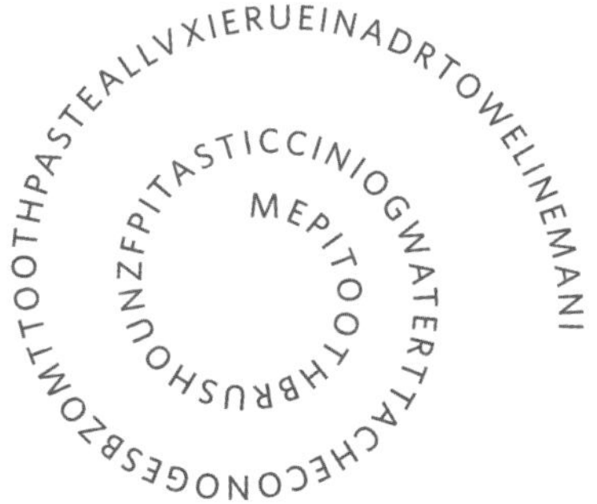

LÖSUNG
What's the time?: **1.** C, **2.** F, **3.** E, **4.** B, **5.** A, **6.** D
Brush your teeth: **1.** toothbrush, **2.** water, **3.** toothpaste, **4.** towel

46 SON IN THE SUN ★

Mom, mom!!! I want an ice cream.[1]

Mom, build me a sand castle![2]

Mom, mom, mom mom!!![3]

Anne's new son block works perfectly.

1 „Mama, Mama!!! Ich will ein Eis."
2 „Mama, bau mir eine Sandburg!"
3 „Mama, Mama, Mama, Mama!!!"
Annes neuer „Sohn-Blocker" funktioniert perfekt.

Son *(Sohn)* und **sun** *(Sonne)* werden im Englischen identisch ausgesprochen. Solche gleichlautenden Wörter, die unterschiedlich geschrieben werden, nennt man im Englischen **homophones**.

ON THE BEACH

Ordnen Sie den Bildern die passende Vokabel zu.

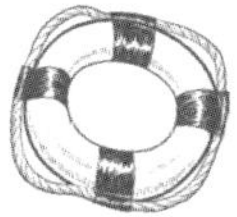
1

2

3

4

5

6

...... **A** sunshade

...... **B** beach towel

...... **C** lifebelt

...... **D** diving goggles

...... **E** swimsuit

...... **F** life guard

PLAY ON WORDS

Wie son und sun werden auch diese Wortpaare identisch ausgesprochen, aber unterschiedlich geschrieben. Finden Sie das fehlende Wort.

1.	knight	*Ritter*	**IHNTG**	....	*Nacht*
2.	piece	*Stück*	**APCEE**	....	*Frieden*
3.	whole	*ganz*	**EOHL**	....	*Loch*
4.	waist	*Taille*	**TAWES**	....	*Abfall*
5.	for	*für*	**OFRU**	....	*vier*
6.	their	*ihr*	**HTREE**	....	*dort*

LÖSUNG
On the beach: **1.** C, **2.** E, **3.** A, **4.** B, **5.** F, **6.** D
Play on words: **1.** night, **2.** peace, **3.** hole, **4.** waste, **5.** four, **6.** there

47 CATCH ME IF YOU CAN

Which is faster, heat or cold?[1]

Heat, because you can catch a cold.[2]

1 „Was ist schneller, Hitze oder Kälte?"
2 „Hitze, weil man Kälte / (sich) eine Erkältung einfangen kann."

Dieser Witz spielt mit der Redewendung **to catch a cold** – *sich eine Erkältung (ein)fangen*. Wussten Sie auch schon, dass ein **cold fish** ein *eiskalter Mensch*, also ein *Eisblock* ist, der womöglich zudem noch **cold-blooded** – *kaltblütig* – ist? Wenn Sie *jemanden im Regen stehen lassen*, heißt das im Englischen **to leave somebody out in the cold**. Und **cold cuts**? Das ist *kalter Braten*.

ALL'S WELL THAT ENDS WELL

Von Substantiven abgeleitete Adjektive können entweder eine eigene Form haben, z. B. heat – hot, oder sie werden durch Anhängen einer Nachsilbe gebildet, z. B. help – helpless. Finden Sie die passende Nachsilbe und bilden Sie das zugehörige Adjektiv.

1. tradition ....

2. peace ....

3. child ....

4. danger ....

5. rain ....

6. Christ ....

-ous -al -ful -ish -y -ian

Die Briten sind ja bekannt für ihren speziellen **sense of humour** *(Sinn für Humor)*. Sehr beliebt bei den Briten sind **puns**, *Wortspiele*. Weltbekannt ist ihr **black humour**, der *schwarze Humor*, der – nicht zuletzt durch die Monty-Python-Filme – weit über Großbritanniens Grenzen hinaus Menschen zum Lachen bringt.

LÖSUNG
All's well that ends well: **1.** traditional, **2.** peaceful, **3.** childish, **4.** dangerous, **5.** rainy, **6.** Christian

48 FINE OR FINE? ★★

A zookeeper sees a visitor throwing five-pound notes into the monkey enclosure.
"What are you doing?" he asks.
"The sign says it's alright," replies the visitor.
"No, it doesn't," says the keeper.
"Yes, it does," he retorts, "it says, Do not feed. £5 fine."

Ein Tierpfleger im Zoo sieht, wie ein Besucher Fünf-Pfund-Scheine in das Affengehege wirft.
„Was tun Sie da?", fragt er.
„Auf dem Schild steht, dass es in Ordnung ist", erwidert der Besucher.
„Nein", sagt der Pfleger.
„Doch", entgegnet er scharf, „da steht: 'Nicht füttern. 5 Pfund in Ordnung'".

Bei diesem Witz beruht das Wortspiel auf der unterschiedlichen Bedeutung von **fine** als Adjektiv – *in Ordnung, gut* und als Substantiv – *Geldstrafe*. Das Wetter kann auch **fine**, *schön* sein und **cutting it fine** bedeutet, dass man *etwas noch in letzter Minute schafft:* **I got to the train station with one minute to spare. That was cutting it fine.**

SHORT ANSWERS

Kurzantworten beginnen mit yes oder no. Im Englischen gilt es als unhöflich, nur mit diesem einen Wort zu antworten. Stattdessen ersetzt man das Subjekt durch das entsprechende Personalpronomen und wiederholt das erste Hilfsverb der Frage: Do you like monkeys? Yes, I do. Ergänzen Sie die Antworten.

1. Is your brother an animal-lover? No, ...
2. Can we meet at eight? Yes, ...
3. Do you like going to the zoo? Yes, ...
4. Have you got my entrance ticket? No, ...
5. Does your mum like days out? Yes, ...
6. Has she fed the elephants? No, ...

MONEY DOESN'T GROW ON TREES

Wenn das Geld schon nicht auf Bäumen wächst, muss man schauen, wie man anderweitig dazu kommt. Wählen Sie das passende Wort aus.

1. If you need money, you can **lend | borrow** some.
2. How much money do I **owe | spend** you?
3. My employer **earns| pays** me a good salary.
4. It's always good to **save | spare** some money.
5. He **lent | borrowed** me £ 2,000.
6. I'll **save | transfer** money to my bank account.

LÖSUNG
Short answers: **1.** he isn't, **2.** we can, **3.** I do, **4.** I haven't, **5.** she does, **6.** she hasn't
Money doesn't grow on trees: **1.** borrow, **2.** owe, **3.**pays, **4.** save, **5.** lent **6.** transfer

49 MISSING TRUNKS ★★

1 „Warum konnten die beiden Elefanten nicht zum Schwimmen gehen?"
2 „Sie hatten nur eine Badehose dabei."

Wörter, die die gleiche Schreibweise, aber eine unterschiedliche Bedeutung haben, nennt man im Englischen **homographs**. So ist **a pair of trunks** die *Badehose*, **trunk** heißt aber auch der *Elefantenrüssel*. **A pen** kann sowohl ein *Füller* als auch ein *Laufstall* sein. **Fair** hat im Englischen dieselbe Bedeutung wie im Deutschen, kann aber auch *blond* oder *schön* heißen. Mit **spring** kann der *Frühling* oder eine *(Sprung)feder* gemeint sein. Und **die** heißt der *Würfel* beim Spiel oder – als Verb – *sterben*.

ARE YOU SPORTY?

Ergänzen Sie die Sportarten im Wortgitter und entdecken Sie in den grauen Kästchen eine weitere, wenn Sie von unten nach oben lesen.

2

3

1

4

5

6

7

LÖSUNG

Are you sporty?: **1.** rugby, **2.** riding, **3.** diving, **4.** badminton, **5.** football, **6.** skiing, **7.** swimming
Lösungswort: skating

50 A THIRSTY BRAIN ★★

A brain walks into a pub and says, "a pint of lager, please."
"No way," says the barman. "You're already out of your head."

Ein Gehirn / ein heller Kopf geht in einen Pub und sagt: „Ein Pint Lagerbier, bitte." „Keine Chance", sagt der Barkeeper. „Du bist schon total zugedröhnt."

Hier haben wir es mit einem doppelten Wortspiel zu tun: **Brain** ist das *Gehirn* und, im übertragenen Sinn, *ein heller Kopf*. Wörtlich übersetzt ist das Gehirn in unserem Witz nicht mehr im zugehörigen Kopf. Tatsächlich bedeutet die umgangssprachliche Redewendung **to be out of one's head** *völlig zugedröhnt* sein.
Wenn Sie dagegen „nur" *voll* sind, heißt das im Englischen **bombed**. Haben Sie *etwas zu tief ins Glas geschaut*, hatten Sie **a drop too much**, oder Sie sind einfach *betrunken* – **drunk**. Aber vielleicht sind Sie auch nur etwas *angeheitert* – **tipsy**, oder eben noch **sober** – *nüchtern?*

A PINT OF LAGER, PLEASE

Auch für Flüssigkeiten gibt es in Großbritannien Maßeinheiten, die von unseren abweichen. An Tankstellen tankt man allerdings mittlerweile ebenfalls litres und keine gallons mehr. Finden Sie heraus, welche Zahl zu welcher Maßeinheit gehört.

1.	pint	.... **A**	163,656 l
2.	barrel	.... **B**	4,546 l
3.	gallon	.... **C**	0,568 l

PUB QUIZ

Das Pub-Quiz ist eine britische Institution: Man trifft sich im Pub und wetteifert beim Quiz in Teams gegeneinander. Aber was gibt es im Pub zu beachten? Entscheiden Sie welche Aussage richtig, welche falsch ist und kreuzen Sie an.

	RIGHT	WRONG
1. Ginger Ale contains alcohol.	●	●
2. Drinks are usually paid for when you order them.	●	●
3. Pub is short for public house.	●	●
4. Drinks are ordered at your table.	●	●
5. You can only drink in a pub, never eat.	●	●
6. If you order a beer without further comment, you'll always get a pint.	●	●

LÖSUNG
A pint of lager, please: **1.** C, **2.** A, **3.** B,
Pub quiz: right: **2.**, **3.**, **6.**; wrong: **1.**, **4.**, **5.**

51 JOB INTERVIEW ★★

1 „Wo haben Sie Ihre Ausbildung erhalten?"
2 „In Yale."
3 „Gut, und wie heißen Sie?"
4 „Yim Yohnson."

Unser Bewerber hat offensichtlich einen *Sprachfehler*, **a speech defect**. Tatsächlich heißt er **Jim Johnson** und vermutlich hat er nicht die amerikanische Eliteuniversität Yale besucht, sondern kommt aus dem *Gefängnis* – **jail**.

A PERFECT CANDIDATE

Diese Sätze können in einem englischsprachigen Vorstellungsgespräch nützlich sein. Bringen Sie die Wörter in die richtige Reihenfolge.

1. languages | I | three | fluently | speak
2. of | lot | I | experience | a | work | have
3. excellent | skills | are | my| computer
4. with | working | like | I| people
5. prepared | hard | I | to | very | work | am
6. right | I | job | this | am | I | person| for | the | think

CURRICULUM VITAE

date of birth
Geburtsdatum

work experience
Berufserfahrung

marital status
Familienstand

skills
Kenntnisse

education
Ausbildung

further training
Weiterbildung

LÖSUNG
A perfect candidate: **1.** I speak three languages fluently., **2.** I have a lot of work experience., **3.** My computer skills are excellent., **4.** I like working with people., **5.** I am prepared to work very hard., **6.** I think I am the right person for this job

52 A LUCKY MAN

★★★

1 „Meine Frau fährt mich zum Trinken/ treibt mich in den Suff."
2 „Du Glücklicher, ich muss zu Fuß gehen."

53 IN THE JUNGLE

★★★

1 „Wo kauft Tarzan seine Kleidung?"
2 „Auf dem 'Dschungelmarkt'."

Der erste Witz spielt mit dem Verb **drive** – *fahren* – und dem Ausdruck to **drive someone to do something** – *jemanden zu etwas treiben*. Beim zweiten Witz geht es um die ähnliche Aussprache von **jungle** – *Dschungel* und **jumble**, *Ramsch*. Ein **jumble sale** ist ein *(Kleider)flohmarkt*.

YOU DRIVE ME CRAZY!

***Du machst mich noch ganz verrückt!* Zu den Verben der Fortbewegung drive, walk und go gibt es einige Redewendungen. Ordnen Sie diese ihren deutschen Entsprechungen zu.**

1.	drive someone up the wall	.... **A**	selbstbewusst auftreten
2.	drive someone around the bend	.... **B**	den Bach runtergehen
3.	walk on air	.... **C**	jemanden wahnsinnig machen
4.	walk tall	.... **D**	schiefgehen
5.	go to pot	.... **E**	vor die Hunde gehen
6.	go to the dogs	.... **F**	jemanden die Wände hochgehen lassen
7.	go pear-shaped	.... **G**	auf Wolken schweben

Die Briten lieben die *Schnäppchenjagd* – **bargain hunting**. Neben dem bereits erwähnten **jumble sale** sind **flea markets** – *Flohmärkte* – sehr beliebt. Der ***Portobello Road Market*** in London ist wohl einer der bekanntesten unter ihnen. Bei den großen *Discounterketten* – **discount store chains** – gibt es alles, von Lebensmitteln über Haushaltswaren bis hin zum Gartenbedarf. Dort locken Angebote wie **"buy two, get one free"** oder **"three for the price of two"**.

LÖSUNG
You drive me crazy!: **1.** F, **2.** C, **3.** G, **4.** A, **5.** B, **6.** E, **7.** D

54 WEDDING RECEPTION ★★★

Did you hear about the two antennae that got married?[1]

The wedding wasn't much, but the reception was great.[2]

1 „Hast du von den beiden Antennen gehört, die geheiratet haben?"
2 „Die Trauung war nichts Besonderes, aber der Empfang war toll."

reception
Empfang

battery recharger
Ladegerät

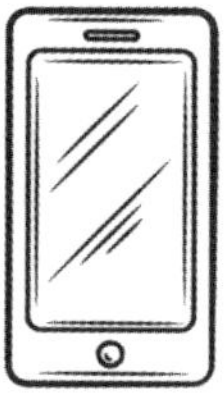

(to) text
eine Textnachricht schicken

mobile phone
Handy

satellite dish
Satellitenschüssel

PLURAL PUZZLE

Wie bei antenna – antennae bildet man auch bei weiteren, aus dem Griechischen oder Lateinischen entlehnten Substantiven, den Plural mit der entsprechenden lateinischen oder griechischen Endung. Finden Sie die passende Pluralform.

1. octopus ....
2. axis ....
3. formula ....
4. bacterium ....
5. phenomenon ....
6. basis ....
7. criterion ....
8. cactus ....

-es -i -a -ae

THAT'S HANDY!

Können Sie mit englischen Wörtern gut umgehen? Das englische handy ist ein false friend. Als Adjektiv bedeutet es *praktisch* oder *nützlich*. Kennen Sie auch die richtige Bedeutung dieser Wörter?

1. **meaning** Meinung | Bedeutung | Besprechung
2. **brave** tapfer | gut erzogen | brav
3. **sensible** einfühlsam | vernünftig | sensibel
4. **sympathetic** sympathisch | mitfühlend | voreingenommen

LÖSUNG
Plural puzzle: **1.** octopuses / octopi, **2.** axes, **3.** formulas / formulae, **4.** bacteria, **5.** phenomena, **6.** bases, **7.** criteria, **8.** cacti
That's handy! **1.** Bedeutung, **2.** tapfer, **3.** vernünftig, **4.** mitfühlend

55 A HARD WORKER ★

How long have you worked for your company?[1]

Ever since they threatened to fire me.[2]

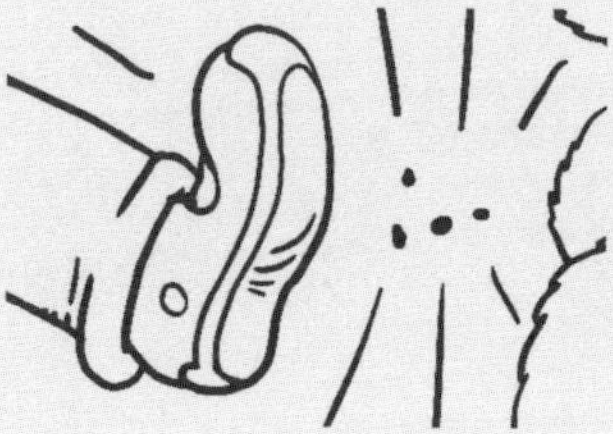

1 „Seit wann arbeiten Sie (schon) für Ihre Firma?"
2 „Seitdem sie gedroht haben mich zu feuern."

56 DIPLOMACY ★

What is a diplomat?[1]

A man who can tell you to go to hell and make you look forward to the trip.[2]

1 „Was ist ein Diplomat?"
2 „Einer, der dir sagt, dass du zur Hölle gehen sollst, und es schafft, dass du dich auf die Reise freust."

DON'T ASK ME!

Mit how long – *wie lange* – und what, *was*, sind Sie gerade zwei Fragewörtern begegnet. Und welche Fragewörter passen zu diesen Fragen?

1. .... do you like your new job?
2. .... is the owner of the company?
3. .... is your workplace?
4. .... do you start work in the morning?
5. .... don't you like your boss?
6. .... is wrong with your colleague?

where how what why who when

I'M TERRIBLY SORRY!

Briten gelten ja als besonders höflich – ein please nach einer Frage oder you're welcome, *bitte*, als Erwiderung auf thank you sind obligatorisch. An der Haltestelle steht ein Brite nicht irgendwo, sondern reiht sich in die Schlange ein. Wie verhalten Sie sich in diesen Situationen richtig?

1. When you meet somebody,
- ○ **A** you kiss him on the cheek.
- ○ **B** you say "how do you do?".

2. If you have a meeting, you arrive
- ○ **A** early.
- ○ **B** late.

3. To start a conversation, you
- ○ **A** talk about politics.
- ○ **B** talk about the weather.

LÖSUNG
Don't ask me!: **1.** How, **2.** Who, **3.** Where, **4.** When, **5.** Why, **6.** What
I'm terribly sorry!: **1.** B, **2.** A, **3.** B

57 DREAM JOB ★

A salesman gives up his job to become a policeman. A few months later a friend asks him how he is getting on. "Great," he replies, "the pay is good, the hours aren't bad, and the best part is that the customer is always wrong!"

Ein Verkäufer gibt seinen Job auf, um Polizist zu werden. Ein paar Monate später fragt ihn ein Freund, wie es bei ihm läuft. „Super", antwortet er, „die Bezahlung ist gut, die Arbeitszeiten sind nicht schlecht, und das Beste ist, dass der Kunde immer im Unrecht ist!"

wage
Lohn

salary
Gehalt

lunch break
Mittagspause

holiday
Urlaub

overtime
Überstunden

working hours
Arbeitszeit

JOB SEARCH

Finden Sie die englischen Begriffe für Sekretär/in, Zahnarzt/-ärztin, Ingenieur/in, Rechtsanwalt/-anwältin, Priester/in und Koch/Köchin im Wortgitter?

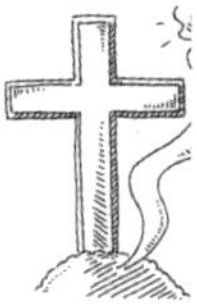

S	Q	O	X	F	Z	L	P	F	W
S	E	C	R	E	T	A	R	Y	S
S	N	N	L	G	R	W	I	N	S
J	G	M	S	Y	I	Y	E	I	S
E	I	N	P	X	T	E	S	C	C
B	N	Z	A	N	O	R	T	I	O
H	E	A	N	D	R	L	I	J	O
K	E	W	O	D	R	X	W	F	K
N	R	D	E	N	T	I	S	T	N

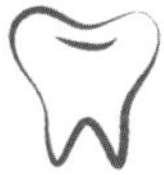

WHAT DO THEY DO?

Was machen diese Menschen? Ordnen Sie den Berufen die passende Tätigkeit zu.

1. A journalist .... articles.
2. A salesman .... goods.
3. An artist .... pictures.
4. A librarian .... books.
5. A vet .... animals.

sells
treats
lends
writes
paints

LÖSUNG
Job search: **1.** secretary, **2.** dentist, **3.** engineer, **4.** lawyer, **5.** priest, **6.** cook
What do they do?: **1.** writes, **2.** sells, **3.** paints, **4.** lends, **5.** treats

58 MATHS GENIUS ★

An accountant is visiting the Museum of Natural History and says to the person standing next to him, "This dinosaur is 90 million years and ten months old."
"How did you get such exact information?"
"I was here ten months ago and the guide said the dinosaur was ninety million years old."

Ein Buchhalter besucht das Naturkundemuseum und sagt zum Besucher neben ihm: „Dieser Dinosaurier ist 90 Millionen Jahre und zehn Monate alt."
„Woher haben Sie derart exakte Informationen?"
„Ich war vor zehn Monaten hier – da sagte der Museumsführer, dass der Dinosaurier 90 Millionen Jahre alt sei."

Die gute Nachricht zuerst: Der Eintritt zu den Dauerausstellungen in Londons Museen ist in der Regel kostenlos und Londons Museenlandschaft ist vielfältig. Unser Buchhalter war vermutlich im **Natural History Museum** mit seinen Exponaten zur Geschichte der Menschheit. Im **British Museum** können Sie untere anderem eine bedeutende ägyptische Sammlung bewundern. Die **Tate Modern** beherbergt Werke der wichtigsten Künstler des 20. Jahrhunderts. Kunst und Design finden Sie im **Victoria and Albert Museum**, kurz **V & A**. Und da Sie ja offensichtlich Humor haben, schauen Sie vielleicht mal im **Museum of Comedy** vorbei?

AS TIME GOES BY

Setzen Sie die fehlenden Wörter ein.

1. I haven't been to London ....
2. This picture is 500 years ....
3. Two years .... we visited the V & A.
4. Opening hours are .... 9 a.m. .... 6 p.m..
5. Tate Modern opened .... 2000.

old — to — ago — in — before — from

CULTURE CLUB

In dieser Wortschnecke haben sich vier Kultureinrichtungen versteckt. Finden Sie sie?

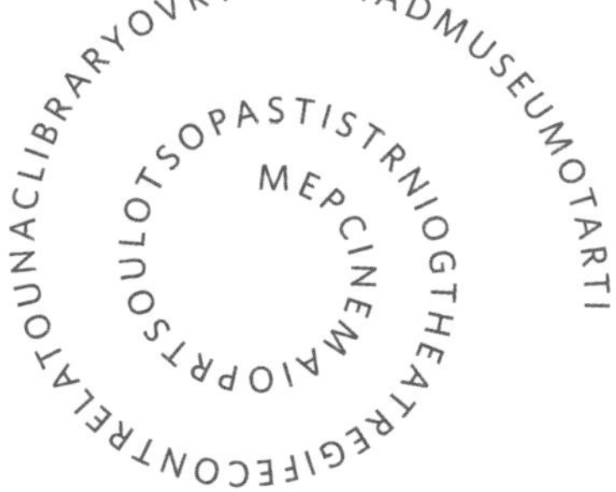

LÖSUNG
As time goes by: **1.** before, **2.** old, **3.** ago, **4.** from, to, **5.** in
Culture club: **1.** cinema, **2.** theatre, **3.** library, **4.** museum

59 ANCIENT LOVE ★★

So, Lynn, I hear your husband's in archaeology?[1]

That's right, he's a paleo-archaeologist. It's really marvellous![2]

What's so good about having an archaeologist as a husband?[3]

Well, you see ... the older I get the more he loves me![4]

1 „Also, Lynn, wie ich höre, ist dein Mann Archäologe?"
2 „Das stimmt, er ist Paläoarchäologe. Es ist wirklich fantastisch!"
3 "„Was ist so gut daran, einen Archäologen als Mann zu haben?"
4 „Na ja, weißt du – je älter ich werde, desto mehr liebt er mich!"

Offensichtlich ist die Lady in unserem Witz kein *junger Hüpfer*, **spring chicken**, mehr. Sie scheint **over the hill** – *nicht mehr ganz taufrisch* – zu sein. Womöglich ist sie sogar schon **past her sell-by date** und hat *die besten Jahre schon hinter sich* oder noch vor sich – je nach Sichtweise!

HAVE A GUESS

Sie dürfen nun Berufe raten: Welche Wörter ergeben zusammengesetzt den angegebenen Beruf?

1. bank	.... **A** mechanic		1. Bankangestellte/r
2. car	.... **B** manager		2. Automechaniker/in
3. shop	.... **C** scientist		3. Verkäufer/in
4. research	.... **D** advisor		4. Forscher/in
5. branch	.... **E** instructor		5. Filialleiter/in
6. driving	.... **F** clerk		6. Fahrlehrer/in
7. tax	.... **G** assistant		7. Steuerberater/in

THE OLDER I GET ...

Get kommt in vielen Wendungen vor und ändert seine Bedeutung entsprechend. Setzen sie das passende Verb ein.

1.	Zieh dich an!	Get .... !
2.	Sie haben sich letztes Jahr scheiden lassen.	They got .... last year.
3.	Mein Mann wurde gefeuert.	My husband got ....
4.	Lasst uns anfangen!	Let's get .... !
5.	Er muss sich umziehen.	He has to get ....

started divorced dressed changed fired

LÖSUNG
Have a guess: **1.** F, **2.** A, **3.** G, **4.** C, **5.** B, **6.** E, **7.** D
The older I get ...: **1.** dressed, **2.** divorced, **3.** fired, **4.** started, **5.** changed

60 DEATH NOTICE ★★

Two fellow workers meet one day in the canteen.
One says to the other, "Have you heard the news? The managing director of the company died at the weekend."
The other replies, "Yes, I know. But I want to know who died with him."
"What do you mean, 'who died with him'?" asks the first.
"Well, in the paper it said that 'with him died one of the company's best workers', and I would like to know who that was."

Zwei Arbeitskollegen treffen sich eines Tages in der Kantine. Sagt der eine zum anderen: „Hast du schon die Neuigkeit gehört? Der Geschäftsführer des Unternehmens ist am Wochenende gestorben." Der andere antwortet: „Ja, ich weiß. Aber ich möchte wissen, wer mit ihm gestorben ist." „Was meinst du mit ‚wer mit ihm gestorben ist'?", fragt der erste. „Na ja, in der Zeitung stand, 'mit ihm starb einer der besten Mitarbeiter der Firma', und mich würde interessieren, wer das war."

I AM THE BOSS!

Ordnen Sie die Buchstaben und entdecken Sie, wie diese Vokabeln auf Englisch lauten.

1. Geschäftsführer/in **MGNAGINA ERCDIOTR** ……………………
2. Arbeitnehmer/in **MYLOEEEP** ……………………
3. Auszubildende/r **PREPANTEIC** ……………………
4. Personal **AFTSF** ……………………
5. Kollege/Kollegin **LAGECLEOU** ……………………
6. Chef **SOBS** ……………………
7. Arbeiter/in **OWRRKE** ……………………

ANOTHER ODD ONE OUT

Entscheiden Sie, welches Wort nicht in die jeweilige Reihe passt.

1. join | evade | meet | gather
2. reply | answer | respond | ask
3. dislike | want | desire | wish
4. mean | intend | ignore | signify
5. company | unemployment | enterprise | firm
6. fellow | companion | stranger | colleague

LÖSUNG

I am the boss!: **1.** managing director, **2.** employee, **3.** apprentice, **4.** staff, **5.** colleague, **6.** boss, **7.** worker

Another odd one out: **1.** evade, **2.** ask, **3.** dislike, **4.** ignore, **5.** unemployment, **6.** stranger

61 NO DAY OFF ★★

At work: Miller goes to see his supervisor.

Boss, we're doing some heavy house cleaning at home tomorrow, and my wife needs me to help with the attic and the garage, moving and hauling stuff.[1]

We're short-handed, Miller. I can't give you the day off.[2]

Thanks, boss. I knew I could count on you![3]

„Am Arbeitsplatz: Herr Miller geht zu seinem Vorgesetzten.

1 „Chef, bei uns ist morgen großer Hausputz, und meine Frau braucht mich, damit ich ihr auf dem Dachboden und in der Garage helfe, Zeug herumzuschieben und zu schleppen."

2 „Wir haben zu wenig Personal, Miller. Ich kann Ihnen den Tag nicht freigeben."

3 „Danke, Chef. Ich wusste, dass ich mich auf Sie verlassen kann!"

MODERN TIMES

Finden Sie den passenden Begriff und ergänzen Sie die Sätze.

1. If you work only few hours a week, you work ....
2. I work 8 hours a day, I've got a .... job now.
3. She saves a lot of time when she works in her ....
4. I suffer from insomnia: I hate ....!
5. I work ...., so I have to note down the hours I work.

flexitime

full-time

shiftwork

home office

part-time

A PERFECT HOUSE HUSBAND

Was könnte unser Hausmann an einem freien Tag alles erledigen? Bringen Sie die Buchstaben in die richtige Reihenfolge.

1
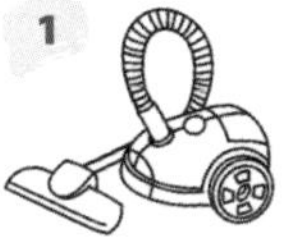

UMGVAUCNI ....

2
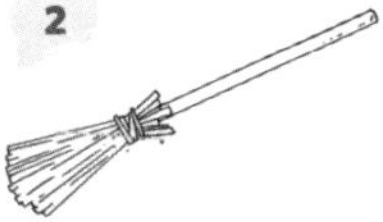

SPIWNGEE ....

3
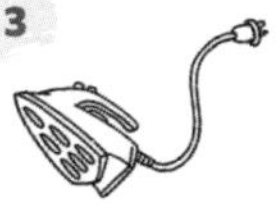

RGOIINN ....

4

WMINOG ....

LÖSUNG
Modern times: **1.** part-time, **2.** full-time, **3.** home office, **4.** shiftwork, **5.** flexitime
A perfect house husband: **1.** vacuuming, **2.** sweeping, **3.** ironing, **4.** mowing

62 WRONG DIAGNOSIS? ★★

The psychology instructor has just finished a lecture on mental health and is giving an oral test. Speaking specifically about manic depression, she asks, “How would you diagnose a patient who walks back and forth screaming at the top of his lungs one minute, then sits in a chair weeping uncontrollably the next?” A young man in the rear raises his hand and answers, “He’s a football coach.”

Die Psychologie-Dozentin hat gerade ihre Vorlesung über psychische Erkrankungen beendet und prüft ihre Studenten mündlich. Als sie speziell über manische Depressionen spricht, fragt sie: „Welche Diagnose würden Sie bei einem Patienten stellen, der in einem Moment hin und her läuft und sich dabei die Lunge aus dem Leib schreit und im nächsten auf einem Stuhl sitzt und unkontrolliert weint?“ Ein junger Mann aus den hinteren Reihen meldet sich und antwortet: „Er ist Fußballtrainer.“

Der Patient in unserem Witz **screams at the top of his lungs** – *er schreit sich die Lunge aus dem Leib*. Offensichtlich ist er nicht unbedingt **on top of the world**, denn dann würde er *sich pudelwohl fühlen*. Womöglich plagt ihn etwas von *Kopf bis Fuß*, **from top to toe**. **To top it all off** *setzt dem Ganzen dann noch die Krone auf*.

INSEPARABLE ADVERBS

Ergänzen Sie die Ausdrücke mit dem jeweils passenden Wort.

1. upside	....	**A**	fro
2. to and	....	**B**	back
3. back and	....	**C**	up
4. there and	....	**D**	down
5. bottom-	....	**E**	forth

GOAL!

Wie gut kennen Sie sich im britischen Fußball aus? Sortieren Sie die Silben und finden Sie sechs Premier-League-Mannschaften.

1. ted | ter | Man | U | ches| ni ....

2. ten | spur | ham | Hot | Tot ....

3. ton | As | la |Vil ....

4. Ar | nal | FC | se ....

5. tal | Crys | ce | Pa | la ....

6. ces | Ci | Lei | ter | ty ....

LÖSUNG

Inseparable adverbs: **1.** D, **2.** A, **3.** E, **4.** B, **5.** C

Goal!: **1.** Manchester United, **2.** Tottenham Hotspur, **3.** Aston Villa, **4.** FC Arsenal, **5.** Crystal Palace, **6.** Leicester City

63 PREMIUM CUSTOMER ★★★

A customer sends an order to a distributor for a large amount of goods totaling a great deal of money. The distributor notices that the previous invoice hasn't been paid and leaves a voice mail for them saying, "We can't ship your new order until you pay for the last one."
The next day he receives a collect phone call, "Please cancel the order. We can't wait that long."

Ein Kunde bestellt bei einem Händler eine große Warenmenge zu einem hohen Preis. Der Händler stellt fest, dass die letzte Rechnung noch nicht bezahlt ist, und hinterlässt eine Nachricht auf dem Anrufbeantworter: „Wir können Ihre neue Bestellung erst liefern, wenn Sie die letzte bezahlt haben."
Am nächsten Tag erhält er ein R-Gespräch: „Bitte stornieren Sie die Bestellung. So lange können wir nicht warten."

enquiry
Anfrage

invoice
Rechnung

order
Auftrag

quotation
Angebot

order confirmation
Auftragsbestätigung

GIVE ME A RING, PLEASE

Was sagen Sie am Telefon, wenn ...

1. ... Sie um einen Rückruf bitten?
- ◯ **A** Could you please call me back?
- ◯ **B** Please ring my phone.

2. ... Sie jemanden weiterverbinden?
- ◯ **A** I'll put you through.
- ◯ **B** I'll combine you.

3. ... Sie eine Nachricht hinterlassen möchten?
- ◯ **A** Can I give you a notice?
- ◯ **B** Can I leave a message?

4. ... der Anrufer in der Leitung bleiben soll?
- ◯ **A** Hold the line please.
- ◯ **B** Please stay online.

LÖSUNG
Give me a ring, please: **1.** A, **2.** A, **3.** B, **4.** A

64 BEST BRAINS EVER

An electrical engineer, a chemical engineer and a computer engineer are in a car. Suddenly the car just stops by the side of the road; the three men look at each other wondering what could be wrong.
The electrical engineer suggests stripping down the electronics of the car and trying to trace where a fault might have occurred.
The chemical engineer, not knowing much about cars, suggests that maybe the fuel is becoming emulsified and is getting blocked somewhere.
Then, the computer engineer comes up with a suggestion. "Why don't we close all the windows, get out, get back in, open the windows again, and maybe it'll work!?"

Ein Elektroingenieur, ein Chemiker und ein Informatiker sitzen in einem Auto. Plötzlich bleibt dieses einfach am Straßenrand stehen; die drei Männer schauen sich an und fragen sich, was wohl kaputt sei.
Der Elektroingenieur schlägt vor, die Elektronik des Autos auseinanderzunehmen und den Fehler dort zu suchen.
Der Chemiker, der nicht besonders viel von Autos versteht, meint, vielleicht verklumpe das Benzin (wörtlich: werde das Benzin emulgiert) und verstopfe irgendetwas.
Da macht der Informatiker einen Vorschlag: „Warum schließen wir nicht einfach alle Fenster, gehen raus, gehen wieder rein, öffnen die Fenster wieder, – und dann funktioniert es vielleicht?"

PRESENT PROGRESSIVE PASSIVE

In unserem Witz ist Ihnen eine weitere Verlaufsform begegnet: Das present progressive passive: ... is becoming emulsified / ... is getting blocked. Gebildet wird die Verlaufsform im Passiv Präsens so:

is / are	+	being getting becoming	+	past participle

Schreiben Sie kurze Sätze im present progressive passive.

1. The doors | close ....
2. The road | build ....
3. A computer | mend ....
4. The petrol | deliver ....
5. The work | do ....
6. Our car | repair ....

LÖSUNG
Present progressive passive: **1.** The doors are being closed., **2.** The road is being built., **3.** A computer is being mended., **4.** The petrol is being delivered., **5.** The work is being/getting done., **6.** Our car is being/getting repaired.

65 AN HONEST LIE

A barrister is cross-examining a witness.

You seem an intelligent, honest man, who wouldn't cheat or lie.[1]

Thank you. "I would say the same about you if I wasn't under oath.[2]

Ein Anwalt nimmt einen Zeugen ins Kreuzverhör.
1 „Sie scheinen ein intelligenter, ehrlicher Mensch zu sein, der nicht betrügen oder lügen würde."
2 „Danke. Ich würde dasselbe über Sie sagen, wenn ich nicht unter Eid stünde."

accused
Angeklagte/r

judge
Richter/in

public prosecutor
Staatsanwalt/-anwältin

defence counsel
Verteidiger/in

witness
Zeuge/-in

DON'T BE SO NEGATIVE!

Durch eine negative Vorsilbe verändert sich die Bedeutung eines Wortes ins Gegenteil oder zum Schlechteren. Finden Sie die passende Vorsilbe.

1.	honest	........honest	........**A** non
2.	intelligent	........intelligent	........**B** un
3.	dependent	........dependent	........**C** in
4.	understand	........understand	........**D** mis
5.	existent	........existent	........**E** dis

FRANKLY SPEAKING

Bringen Sie die Sätze in die richtige Reihenfolge und entdecken Sie Redewendungen rund um das Thema Ehrlichkeit.

1.	Er lügt wie gedruckt.	so- | lying| and- | He | a | is| so ....
2.	Sie ist mit allen Wassern gewaschen.	is | She | trick | to | up | every ....
3.	Wir sind ungestraft davongekommen.	off | got | We | free | scot- ....
4.	Nimm kein Blatt vor den Mund!	words | mince | Don't | your .... !

LÖSUNG
Don't be so negative!: **1.** E, **2.** B, **3.** C, **4.** D, **5.** A
Frankly speaking: **1.** He is a lying so-and-so., **2.** She is up to every trick., **3.** We got off scot-free., **4.** Don't mince your words!

66 IS IT A BOY? ★

There was an Irishman whose sister had a baby. Nobody let him know if it was a boy or girl so he didn't know if he was an uncle or an aunt.

Es war einmal ein Ire, dessen Schwester ein Baby bekommen hatte. Niemand sagte ihm, ob es ein Junge oder ein Mädchen war, daher wusste er nicht, ob er Onkel oder Tante war.

Die Iren sind so etwas wie die „Ostfriesen" der britischen Inseln: Man macht Witze über sie und stellt sie gern etwas dümmlich dar. Die klassische irische Witzfigur heißt Paddy – abgeleitet vom irischen Nationalpatron St. Patrick. Schottenwitze bedienen dagegen das alte Klischee, dass Schotten besonders geizig sind. Spott in Witzen müssen die Waliser nicht über sich ergehen lassen – man sagt Ihnen allerdings nach, dass ihr Land nur aus Schafen besteht und es dort ständig regnet. Und die Engländer? Seltsamerweise kommen sie in Witzen fast immer gut weg und sind selten die Dummen.

SOMEBODY, ANYBODY? NOBODY!

Somebody, anybody oder **nobody**? **Wortverbindungen mit some und any werden folgendermaßen gebraucht: In bejahten Aussagesätzen verwendet man Zusammensetzungen mit some, in verneinten Sätzen und Fragen Wortverbindungen mit any. Setzen Sie das passende Wort ein.**

1.	Can .... help me?	.... **A**	something
2.	The child needs .... to play with.	.... **B**	somewhere
3.	But .... knows where his father lives.	.... **C**	anything
4.	I don't know .... about this child.	.... **D**	nobody
5.	My brother must be	.... **E**	anybody

RIGHT OR WRONG?

Welche dieser Aussagen über Irland ist richtig, welche falsch?

		RIGHT	WRONG
1.	Belfast is the capital of the Republic of Ireland.	●	●
2.	Ireland is also called the Emerald Isle.	●	●
3.	The Irish national flag is green, white and orange.	●	●
4.	The currency of the Irish Republic is the pound sterling.	●	●
5.	George Ezra is an Irish songwriter.	●	●
6.	The Church of Ireland is Catholic.	●	●

LÖSUNG
Somebody, anybody? Nobody!: **1.** E, **2.** A, **3.** D, **4.** C, **5.** B
Right or wrong?: right: **2.**, **3.**, **6.** wrong: **1.**, **4.**, **5.**

67 A READER'S LETTER ★

A Scotsman writing to his local newspaper:
"Dear Sirs,
if you don't stop printing jokes about Scotsmen, I shall stop borrowing your paper."

Ein Schotte schreibt an seine Lokalzeitung:
„Sehr geehrte Damen und Herren,
wenn Sie nicht aufhören, Witze über Schotten zu drucken, werde ich Ihre Zeitung nicht mehr ausleihen."

68 DON'T WORRY, DOC! ★

I'm very sorry, but I can't diagnose your trouble, O'Mahoney. I think it must be drink.[1]

Don't worry about it, Dr. Kelley. I'll come back when you're sober.[2]

1 „Es tut mir leid, aber ich kann Ihr Problem nicht diagnostizieren, O'Mahoney. Ich glaube, es muss am Alkohol liegen."
2 „Nicht so schlimm, Dr. Kelley. Ich komme wieder, wenn Sie nüchtern sind."

PROPER ADJECTIVES

Dass der Irishman zu Ireland gehört und man dort Irish spricht, wissen Sie bereits. Länder und Nationalitäten schreibt man im Englischen groß. Kennen Sie auch die passenden Adjektive zu diesen Ländern?

1. China .... **HCIEENS**
2. Scotland .... **CTHOSTIS**
3. France .... **CHREFN**
4. Germany .... **RMEANG**
5. Greece .... **EREKG**
6. Italy .... **TANLIIA**
7. Portugal .... **GUPTUEORSE**
8. Wales .... **ELSWH**

GLOBETROTTING

In der Textschlange haben sich fünf weitere Nationalitäten versteckt. Finden Sie sie?

LÖSUNG
Proper adjectives: **1.** Chinese, **2.** Scottish, **3.** French, **4.** German, **5.** Greek, **6.** Italian, **7.** Portuguese, **8.** Welsh
Globetrotting: **1.** Swiss, **2.** British, **3.** Hungarian, **4.** Japanese, **5.** Austrian

69 WANTED!

Police in Dublin send a set of pictures of a wanted criminal to all stations within 100 miles. The set contains a front shot and two side shots. A week later they get an email back saying, “We’ve caught the fellow in the middle but we’re still looking for the other two.”

Die Polizei in Dublin schickt Fotos eines gesuchten Kriminellen an alle Dienststellen im Umkreis von 100 Meilen. Zur Fotoserie gehören eine Frontalaufnahme und zwei Profilansichten. Eine Woche später kommt eine E-Mail zurück, in der es heißt: „Den Kerl in der Mitte haben wir geschnappt, aber nach den anderen beiden suchen wir noch.“

prison
Gefängnis

police officer
Polizist

criminal
Verbrecher

handcuffs
Handschellen

to arrest
verhaften

WHERE'S THE CAT?

Der Kerl in the middle wurde gefunden, aber wo ist hier die Katze im Verhältnis zum Karton? Schreiben Sie die passende Präposition auf die Linie.

1. ....

2. ....

3. ....

4. ....

5. ....

6. ....

CAPITAL QUIZ

Finden Sie im Wortgitter fünf Hauptstädte der britischen Inseln.

C	Q	O	X	F	Z	P	J	F	W
A	A	R	D	L	O	N	D	O	N
R	R	N	U	G	H	S	M	N	S
D	A	M	B	Y	Y	A	Q	I	S
I	B	E	L	F	A	S	T	C	S
F	E	D	I	N	B	U	R	G	H
F	V	A	N	D	A	L	I	J	G

LÖSUNG
Where's the cat?: **1.** on top, **2.** behind, **3.** inside, **4.** under, **5.** in front, **6.** between
Capital quiz: London, Belfast, Edinburgh, Cardiff, Dublin

70 A WORD IN YOUR EAR **

McNally is taking his first plane ride. The stewardess hands him a piece of chewing gum. “It’s to keep your ears from popping at high altitudes,” she explains.
When the plane lands, McNally rushes up to her. “Miss,” he says, “how do I get the gum out of my ears?”

McNally fliegt zum ersten Mal mit dem Flugzeug. Die Stewardess gibt ihm einen Kaugummi. „Der soll verhindern, dass es in Ihren Ohren knackt, wenn wir uns in großer Höhe befinden“, erklärt sie. Nach der Landung eilt McNally zu ihr. „Fräulein“, sagt er, „wie bekomme ich denn den Kaugummi wieder aus den Ohren heraus?“

arrival
Ankunft

departure
Abflug

to land
landen

to take off
starten

airport
Flughafen

SEE THE SIGHTS

Zu welchem Land gehören diese Touristenattraktionen?

	ENGLAND	IRELAND	WALES	SCOTLAND
1. Mount Snowdon				
2. Dartmoor				
3. Loch Ness				
4. Outer Hebrides				
5. St. David's Cathedral				
6. Ring of Kerry				
7. Stonehenge				
8. Cliffs of Moher				

JOINING WORDS

Konjunktionen wie when leiten einen Nebensatz ein oder verbinden Hauptsätze oder Satzteile miteinander. Setzen Sie die passende Konjunktion ein. Manchmal gibt es mehrere Lösungen.

1. .... going to England, you should learn English.

2. She hasn't been back to Scotland .... she left.

3. He will stay in Cornwall .... the end of July.

4. .... leaving the plane, he took the chewing gum out of his ears.

5. .... you go to Wales, I'll come with you.

since when before after until

LÖSUNG
See the sights: England **2.**,**7.**, Ireland **6.**,**8.**, Wales **1.**, **5.**, Scotland **3.**, **4.**
Joining words: **1.** Before/When, **2.** since, **3.** until, **4.** After/When, **5.** When

71 MAGIC LAMP

Paddy finds an old oil lamp. He starts to rub it and whoops – out pops a genie. The genie grants him three wishes.
"Well," says Paddy, "I would love to have a bottle of Guinness that never runs out."
The bottle appears, and after he takes a swig, the bottle is still full.
"Wow," says Paddy, "that's just grand. And I get three wishes? OK, I'd like two more of these please."

Paddy findet eine alte Öllampe. Er fängt an, an ihr zu reiben, und puff – schießt ein Flaschengeist heraus. Der Flaschengeist gewährt ihm drei Wünsche.
„Gut", sagt Paddy, „ich hätte gern eine Flasche Guinness, die nie leer wird."
Die Flasche erscheint, und nachdem er einen Schluck genommen hat, ist die Flasche noch immer voll.
„Toll", sagt Paddy, „das ist einfach großartig. Und ich habe drei Wünsche frei? Okay, ich hätte gern nochmal zwei von diesen, bitte."

Saint Patrick gilt als Schutzpatron Irlands. Sein Gedenktag **St. Patrick's Day** am 17. März ist in ganz Irland gesetzlicher Feiertag. Und gefeiert wird ordentlich: Mit großen Paraden, viel Guinness und in Dublin mit einem Kulturfestival. Die Feiernden kleiden sich in Grün, einer der drei Nationalfarben Irlands, und tragen ein *Kleeblatt*, **shamrock**, das Nationalsymbol Irlands.

IRISH DELIGHTS

Setzen Sie in diese Beschreibungen typisch irischer Gerichte und Getränke das passende Wort ein.

1. Irish Stew is a traditional dish with lamb or mutton as the basic ....
2. In the .... for potato bread, the potato flour replaces the wheat flour.
3. Black pudding is a type of .... made from pork blood.
4. Colcannon is a traditional .... of mashed potatoes and cabbage.
5. Coddle is often made from ....
6. Irish coffee consists of coffee, whiskey and sugar and is topped with whipped ....

sausage
leftovers
ingredient
cream
dish
recipe

LIMERICK

Obwohl er nach einer irischen Stadt benannt ist, hat der Limerick – ein kurzes, scherzhaftes Gedicht in fünf Zeilen – seinen Ursprung in England. Bringen Sie die Buchstaben der fehlenden Wörter in die richtige Reihenfolge und setzen Sie diese ein.

1. There is a young .... **(YALD)** whose nose
2. continually prospers and .... **(RGOSW)**.
3. When it grew out of .... **(HSGTI)**,
4. she .... **(ALCIMEEXD)** in a fright,
5. "Oh! .... **(WREELFAL)** to the end of my nose!"

LÖSUNG
Irish delights: **1.** ingredient, **2.** recipe, **3.** sausage, **4.** dish, **5.** leftovers, **6.** cream
Limerick: **1.** lady, **2.** grows, **3.** sight, **4.** exclaimed, **5.** Farewell

72 SURPRISE SACK

An Englishman, an Irishman and a Welshman are being chased by an angry farmer with a shotgun. After running some distance they spot a barn and run inside. There they each hide in an old sack. The farmer goes inside, not knowing where they have gone, and sees the three suspicious looking sacks. He prods the first sack with his gun. The Englishman inside says, "Meow." "Just cats," he thinks. He then prods the second sack. The Welshman inside says, "Squeak." "Just rats," thinks the farmer. As he walks towards the last sack, the Irishman is working out what he is going to say. As soon as the farmer prods his sack he says, "Potatoes!"

Ein Engländer, ein Ire und ein Waliser werden von einem wütenden Bauern mit einer Schrotflinte gejagt. Nachdem sie ein Stück weit gerannt sind, entdecken sie eine Scheune und laufen hinein. Dort versteckt sich jeder in einem alten Sack. Der Bauer läuft hinein, ohne zu wissen, wo sie stecken, und sieht die drei verdächtig aussehenden Säcke. Er stupst den ersten Sack mit seiner Flinte an. Der Engländer darin sagt: „Miau." „Nur Katzen", denkt er. Dann stupst er den zweiten Sack an. Der Waliser darin sagt: „Fieps." „Nur Ratten", denkt sich der Bauer. Während er auf den letzten Sack zuläuft, überlegt sich der Ire, was er sagen soll. In dem Moment, als der Bauer seinen Sack anstupst, sagt er: „Kartoffeln!"

ANOTHER WORD FOR … ?

Welches Wort passt nicht in die Reihe?

1. prod | throw | touch

2. chase | chatter | hunt

3. spot | overlook | discover

4. hide | display | conceal

OF CATS AND DOGS

Bringen Sie die Sätze in die richtige Reihenfolge und entdecken Sie Sprichwörter, in denen verschiedene Tiere vorkommen.

1.	Ist die Katze aus dem Haus, tanzen die Mäuse auf dem Tisch.	cat's | the | play | When | mice | away | the | will ……………………………….
2.	Schlafende Hunde soll man nicht wecken.	dogs | Let | lie | sleeping ……………………………….
3.	Was dem einen recht ist, ist dem anderen billig.	goose | gander | good | What | for | the | is | for | is | good | the ……………………………….
4.	Einem geschenkten Gaul schaut man nicht ins Maul.	horse | a | Don't | mouth | in | the | gift | look ……………………………….

LÖSUNG
Another word for …?: **1.** throw, **2.** chatter, **3.** overlook, **4.** display
Of cats and dogs: **1.** When the cat's away the mice will play., **2.** Let sleeping dogs lie., **3.** What is good for the goose is good for the gander., **4.** Don't look a gift horse in the mouth.

73 ALL ALONE

★★★

An Englishman, an Irishman and a Scotsman are all stranded on a desert island together when they find a magic lantern that grants them each a wish. The Englishman wishes he was back in London and suddenly disappears in a cloud of smoke. The Scotsman wishes he was in Glasgow and also vanishes. The Irishman looks at the lantern sadly and says, "I feel lonely, I wish my friends were back again!"

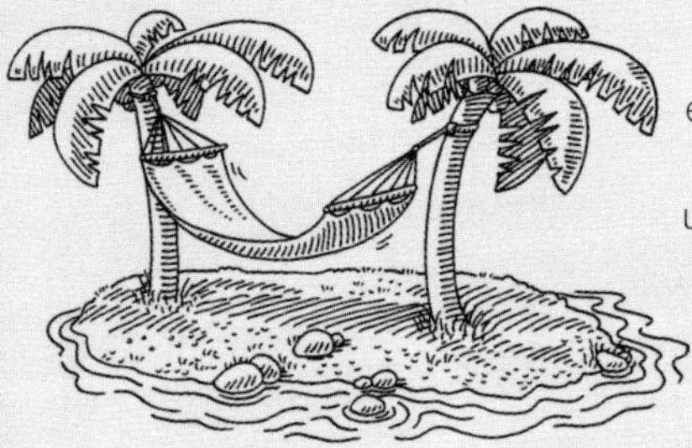

Ein Engländer, ein Ire und ein Schotte sind zusammen auf einer einsamen Insel gestrandet und finden eine magische Lampe, die jedem einen Wunsch gewährt. Der Engländer wünscht sich, dass er wieder in London wäre und verschwindet plötzlich in einer Rauchwolke. Der Schotte wünscht sich, dass er in Glasgow wäre und verschwindet ebenfalls. Der Ire sieht die Laterne traurig an und sagt: „Ich fühle mich so allein, ich wünschte, meine Freunde wären wieder hier!"

Alljährlich im Frühjahr und im Sommer werden an verschiedenen Orten Schottlands die legendären **Highland Games** ausgetragen. *Dudelsack*, **bagpipes**, und *Schottenrock*, **kilt**, gehören ebenso dazu wie skurril anmutende Disziplinen, z. B.: **caber toss** – *Baumstammwerfen*, **stone put**, *Steinstoßen* mit bis zu 12 kg schweren Steinen oder **sheaf toss**, *Heusackwurf*, bei dem Heusäcke mit einer *Mistgabel*, **pitch fork**, über eine horizontale Stange geschleudert werden.

AULD LANG SYNE

Das bekannte schottische Lied Auld Lang Syne bedeutet ins Englische übersetzt old long since. Es handelt von längst vergangenen Zeiten und wird traditionell zum Jahreswechsel um Mitternacht angestimmt. Bringen Sie die Anfangssätze der ersten bis vierten Strophe richtig zusammen.

1.	Should auld acquaintance be forgot	.... **A**	and surely I'll buy mine.
2.	And surely you'll buy your cup	.... **B**	and picked the daisies fine.
3.	We two have run about the hills	.... **C**	from morning sun till dine.
4.	We two have paddled in the stream	.... **D**	and never brought to mind.

I WISH YOU WERE HERE ...

Mit wish + were/was oder had kann man Wünsche für Zustände, mit wish + would + infinitive für Aktivitäten und Veränderungen in Gegenwart und Zukunft ausdrücken. Setzen Sie die passende Form ein.

1. I wish my friends .... come back soon.
2. I wish the weather .... nicer.
3. I wish I .... a lot of money.
4. I wish my friends .... here again.
5. I wish I .... find another magic lantern.

LÖSUNG
Auld lang syne: **1.** D, **2.** A, **3.** B, **4.** C
I wish you were here ...: **1.** would, **2.** was, **3.** had, **4.** were, **5.** would

74 GRAMMAR CHAMPION ★

1 „Billy, nenne mir zwei Pronomen."
2 „Wer, ich?"
3 „Gut gemacht!"

75 NEVER-ENDING TALK ★

1 „Wie nennt man jemanden, der ständig weiterredet, auch wenn es die Leute nicht mehr interessiert?"
2 „Lehrer."

ARE YOU A PRONOUN CHAMPION?

Personalpronomen können Subjekt oder Objekt eines Satzes sein:

Subjekt		Objekt	
I	**we**	**me**	**us**
you	**you**	**you**	**you**
he / she / it	**they**	**him / her / it**	**them**

Steht ein Pronomen alleine wie bei "Who, me?" oder nach einer Form von to be, so verwendet man die Objektform. Wählen Sie das passende Pronomen aus.

1. Who's there? It's **I** | **me**.
2. It was **he** | **him** who asked she | her.
3. Are **they**| **them** ready to go?
4. The teacher showed **we** | **us** the new classroom.
5. Did **she** | **her** call **he** | **him**?

FAVOURITE SUBJECTS

In der Buchstabenschlange haben sich fünf Schulfächer versteckt.

PRMATHSELOGEOGRAPHYERVIAAROBSCIENCEASROHISTORYSMALLOENGLISHROANN

LÖSUNG
Are you a pronoun champion?: **1.** me, **2.** him, her, **3.** they, **4.** us, **5.** she, him
Favourite subjects: **1.** maths, **2.** geography, **3.** science, **4.** history, **5.** English

76 SERIOUS TROUBLE ★

You're not paying any attention! Are you having trouble hearing?[1]

No, I'm having trouble listening.[2]

1 „Du passt überhaupt nicht auf! Hast du Probleme mit dem Hören?"

2 „Nein, ich habe Probleme mit dem Zuhören."

toddler group
Krabbelgruppe

sixth form
Sekundarstufe II

nursery school
Vorschule

secondary school
weiterführende Schule

primary school
Grundschule

THE FIVE SENSES

Unser Schüler behauptet, kein Problem mit dem Hören zu haben. Kennen Sie die englischen Begriffe für diese Sinne? Ordnen Sie zu.

1

2

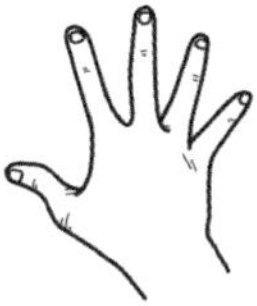

3

4

5

...... **A** hearing

...... **B** smell

...... **C** sight

...... **D** taste

...... **E** touch

WHAT MAKES SENSE?

Finden Sie die fünf Sinnesorgane im Wortgitter?

S	Q	N	X	F	Z	P	J
C	M	O	U	T	H	I	N
S	R	S	K	I	N	S	M
J	A	E	S	Y	Y	A	Q
E	B	N	P	X	E	N	Q
B	I	Z	A	N	Y	I	N
H	V	A	N	D	E	A	R
K	U	W	O	D	R	X	W

1. ....

2. ....

3. ....

4. ....

5. ....

LÖSUNG

The five senses: **1.** B, **2.** D, **3.** E, **4.** A, **5.** C

What makes sense?: **1.** mouth, **2.** skin, **3.** ear, **4.** nose, **5.** eye

77 YOUNG OR OLD? ★

Teacher:

Today, we're going to talk about the tenses. Now, if I say 'I am young,' which tense is that?[1]

Pupil:

Obviously it is the past tense.[2]

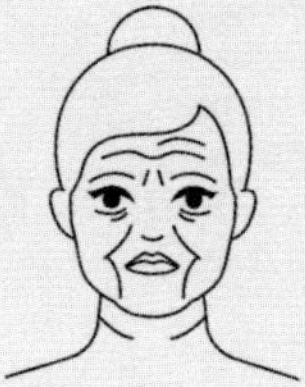

Lehrerin: **1** „Heute sprechen wir über die Zeitformen. Also, wenn ich sage, ‚Ich bin jung', welche Zeitform ist das?"
Schüler: **2** „Das ist offensichtlich Vergangenheit."

78 A FAST WALKER ★

Danny, please conjugate the verb 'to walk' in simple present.[1]

I walk. You walk ...[2]

Quicker, please![3]

I run. You run ...[4]

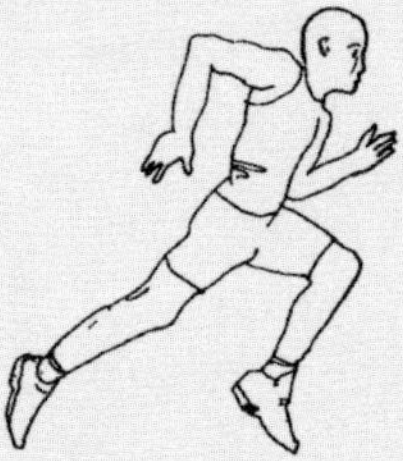

1 „Danny, bitte konjugiere das Verb ‚gehen' im Präsens."
2 „Ich gehe. Du gehst ..."
3 „Schneller, bitte!"
4 „Ich renne. Du rennst ..."

QUITE SIMPLE

Das present simple verwendet man für Handlungen, die regelmäßig geschehen. Es ist identisch mit dem Infinitiv; in der 3. Person Singular wird an diesen ein -s angehängt: say → says. Verneint wird mit don't / doesn't + Infinitiv. Setzen Sie das Verb im present simple ein:

1. We usually .... (learn) in the afternoon.
2. I .... (not know) how to conjugate this verb.
3. He sometimes .... (not listen) to his teacher.
4. She .... (walk) to school every day.
5. Our teacher .... (live) alone.

MOVE YOURSELF

Ordnen Sie diesen Bewegungsarten das passende Verb zu.

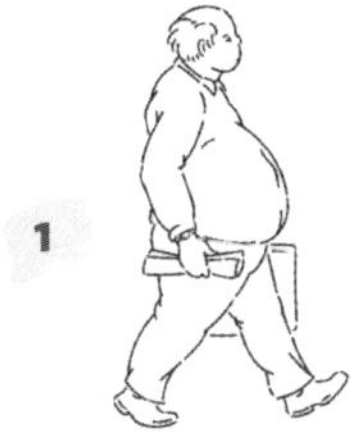

...... **A** skate

...... **B** swim

...... **C** cycle

...... **D** walk

...... **E** dance

LÖSUNG
Quite simple: **1.** learn, **2.** don't know, **3.** doesn't listen, **4.** walks, **5.** lives
Move yourself: **1.** D, **2.** E, **3.** B, **4.** A, **5.** C

79 TEAM SPIRIT ★★

A teacher is giving a talk on self-esteem and to make a point asks if anyone in the classroom thinks they are stupid could they please stand up. To her surprise, little Johnny stands up. The teacher frowns and says, "Johnny, you don't really think you are stupid, do you?"
"No," replies Johnny, "I just hate to see you standing there all by yourself."

Eine Lehrerin hält einen Vortrag über Selbstwertgefühl, und um dies zu verdeutlichen, bittet sie darum, falls irgendjemand im Klassenzimmer sich für dumm halten sollte, derjenige bitte aufstehen möge. Zu ihrer Überraschung steht der kleine Johnny auf. Die Lehrerin runzelt die Stirn und sagt: „Johnny, du denkst nicht wirklich, dass du dumm bist, oder?"
„Nein", erwidert Johnny, „ich kann einfach nicht, zusehen, wie Sie da ganz allein stehen."

pupil
Schüler/in

teacher
Lehrer/in

head boy/girl
Schülersprecher/in

headmaster / headmistress
Schulleiter/in

caretaker
Hausmeister/in

YOU AREN'T STUPID, ARE YOU?

Bestätigungsfragen wie "you don't really think you are stupid, do you?" werden mit *Frageanhängseln*, question tags, gebildet. Diese greifen Hilfsverb und Subjekt des Aussagesatzes wieder auf. Das Subjekt wird dabei immer zu einem Personalpronomen. Gibt es im Aussagesatz kein Hilfsverb, verwendet man in der Bestätigungsfrage eine Form von do. Auf einen bejahten Aussagesatz folgt eine verneinte Bestätigungsfrage, auf einen verneinten eine bejahte. Setzen Sie die passende Bestätigungsfrage ein.

1. You don't like school, ... ?
2. We must hurry, ... ?
3. He will attend university next year, ... ?
4. Mother wasn't at home, ... ?
5. I didn't tell her, ... ?
6. They are late, ... ?

AT SCHOOL

In der Wortschnecke haben sich vier Orte versteckt, die es in einer Schule gibt.

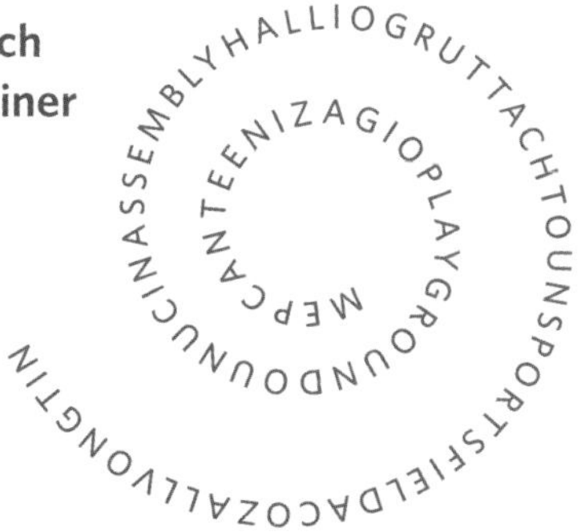

LÖSUNG
You aren't stupid, are you?: **1.** do you, **2.** mustn't we, **3.** won't he, **4.** was she, **5.** did I, **6.** aren't they
At school: **1.** canteen, **2.** playground, **3.** assembly hall, **4.** sports field

80 AN UNWILLING PUPIL ★★

Come on, John, eat your breakfast, you'll be late for school.[1]

I don't want to go to school. The teachers hate me and the children don't like me![2]

That might be the case, but you have to go.[3]

Why do I have to?[4]

Because you are 50 years old and you're the headmaster![5]

1 „Komm schon, John, iss dein Frühstück, du kommst zu spät zur Schule."
2 „Ich will nicht zur Schule. Die Lehrer hassen mich, und die Kinder mögen mich nicht"
3 „Das mag schon sein, aber du musst gehen."
4 „Warum muss ich?"
5 „Weil du fünfzig Jahre alt und der Schulleiter bist!"

HELP AT HAND

Modal auxiliary verbs, *Modalverben*, sind Hilfsverben, die nie alleine stehen – auf sie folgt immer ein Vollverb im Infinitiv. Modale Hilfsverben gibt es nur im Präsens, für alle anderen Zeiten benötigt man Ersatzformen.

can, could	*können*	→	**be able to**
may, might	*dürfen, können*	→	**be allowed to**
must	*müssen*	→	**have to**
mustn't	*nicht dürfen*	→	**not be allowed to**
needn't	*nicht brauchen, nicht müssen*	→	**not have to**

Ordnen Sie die Aussagen der passenden Übersetzung zu.

1.	You had to go.	....	**A**	Du durftest nicht gehen.
2.	You weren't allowed to go.	....	**B**	Du wirst gehen können.
3.	You didn't have to go.	....	**C**	Du musstest gehen.
4.	You'll be able to go.	....	**D**	Du wirst gehen dürfen.
5.	You'll be allowed to go.	....	**E**	Du wirst gehen müssen.
6.	You'll have to go.	....	**F**	Du musstest nicht gehen.

LÖSUNG
Help at hand: **1.** C, **2.** A, **3.** F, **4.** B, **5.** D, **6.** E

81 PARK AND HIDE ★★

It has been snowing for hours when an announcement comes over the intercom: “Will the students who are parked on University Drive please move their cars so that we may begin plowing.” Twenty minutes later there is another announcement: “Will the nine hundred students who went to move fourteen cars please return to class.”

Es schneit schon seit Stunden, als über den Lautsprecher eine Durchsage kommt: „Die Studenten, die in der Zufahrt zur Universität geparkt haben, mögen bitte ihre Autos wegfahren, damit wir mit dem Schneeräumen beginnen können.“ Zwanzig Minuten später gibt es eine weitere Durchsage: „Die 900 Studenten, die losgegangen sind, um 14 Autos wegzufahren, mögen bitte in ihre Vorlesung zurückkehren.“

to park
einparken

entrance
Einfahrt

exit
Ausfahrt

car park
Parkplatz

parking fee
Parkgebühr

parking meter
Parkuhr

YOU LIVE AND LEARN

Setzen Sie in diesen Sätzen zum britischen Bildungswesen das jeweils passende Wort ein.

1. Children in Great Britain have to .... school until they are 16 years old.
2. The British school year is divided into three ....
3. Pupils have around 12 weeks of .... each year.
4. The teacher is responsible for the .... of his or her pupils.
5. Children start primary school at the age of five. Some have .... education from the age of three.
6. Between the ages of 11 and 13, pupils go to .... school.

secondary elementary holiday

terms education attend

GOOD GRADES

Wofür stehen diese beiden Abkürzungen britischer Bildungsabschlüsse? GCSEs macht man in der Regel mit 16 Jahren, A levels mit 18.

1. GCSE: con | ne | Edu | tion | ca | ry | ral | of | Se | Ge | da | fi | cate | ti | Cer ....
2. A levels: ced | van | vels | Ad | Le ....

LÖSUNG
You live and learn: **1.** attend, **2.** terms, **3.** holiday, **4.** education, **5.** elementary, **6.** secondary
Good grades: **1.** General Certificate of Secondary Education, **2.** Advanced Levels

82 MISUNDERSTANDING ★★

One day an English grammar teacher looks ill.
A student asks, "What's the matter?"
"Tense," answers the teacher, describing how he feels.
The student pauses, then continues, "What was the matter? What has been the matter? What had been the matter? What will be the matter? ..."

Ein Lehrer für englische Grammatik sieht eines Tages krank aus.
Ein Schüler fragt: „Was ist los?"
„Verspannt", antwortet der Lehrer und beschreibt damit, wie er sich fühlt.
Der Schüler hält inne und fährt dann fort: „Was war los? Was ist los gewesen? Was war los gewesen? Was wird los sein? ..."

Der Witz spielt mit der Doppeldeutigkeit des Wortes **tense**: Als grammatikalischer Begriff ist das Substantiv **tense** eine *Zeitform*, wie bei **past tense**, *Vergangenheit*. Als Adjektiv hat **tense** unter anderem die Bedeutung *angespannt / verspannt*: **A tense moment** – *ein spannungsgeladener Moment*. Das Verb **to tense** heißt *anspannen*: **Tense your muscles before you relax.** – *Spannen Sie Ihre Muskeln an bevor Sie entspannen.*

WHICH TENSE IS WHICH?

Welches Prädikat gehört zu welcher Zeitform?

1. present simple	....	**A**	would have paused
2. past progressive	....	**B**	will be looking
3. present perfect	....	**C**	was studying
4. future progressive	....	**D**	asks
5. conditional perfect	....	**E**	has described

IN THE CLASSROOM

Wie heißen diese Gegenstände aus dem Klassenzimmer?

1

2

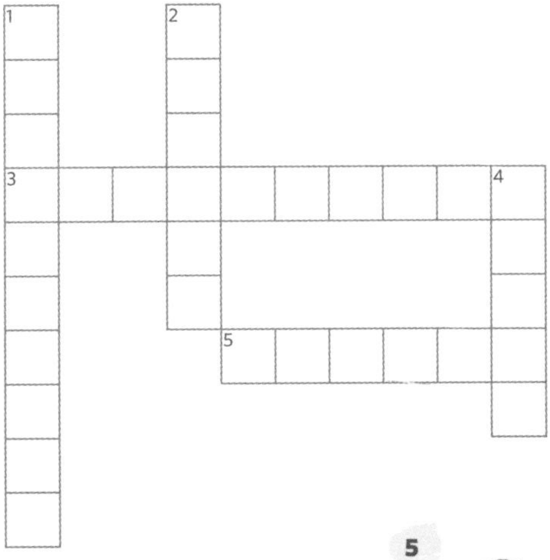

3

4

5

LÖSUNG
Which tense is which?: **1.** D, **2.** C, **3.** E, **4.** B, **5.** A
In the classroom: **1.** blackboard, **2.** pencil **3.** calculator, **4.** ruler, **5.** sponge

83 HOMEWORK STRIKE ★★

"If I do my homework, I'll get good grades.
If I get good grades, you'll send me to college.
If I go to college, I'll graduate and get a job.
If I get a job, I might get fired.
If I get fired, I could go bankrupt and lose everything.
That's why I didn't do my homework."

„Wenn ich meine Hausaufgaben mache, bekomme ich gute Noten.
Wenn ich gute Noten bekomme, schickt ihr mich auf die Universität.
Wenn ich auf die Universität gehe, mache ich einen Abschluss und finde eine Stelle.
Wenn ich eine Stelle finde, kann ich entlassen werden.
Wenn ich entlassen werde, kann ich pleitegehen und alles verlieren.
Deshalb habe ich meine Hausaufgaben nicht gemacht."

Grades, *Noten*, werden in Großbritanniens Schulsystem nicht von 1 – 6, sondern von A – F vergeben. Mit einem + oder – können sie noch differenziert werden. Bei einer Note von A – C ist das Schuljahr bestanden, mit D – F leider nicht. Ein Sitzenbleiben gibt es dennoch nicht – dafür ist im nächsten Schuljahr eventuell ein Nachhilfeprogramm fällig.

IF I DON'T ...

Bei Konditionalsätzen vom Typ 1 ist die Erfüllung der Bedingung wahrscheinlich. Hier wird im Nebensatz in der Regel das Präsens verwendet, im Hauptsatz das Futur: If I go to college, I'll get a job. Das Futur kann durch ein modales Hilfsverb + Infinitiv ersetzt werden: If I get a job, I might get fired. Verbinden Sie die beiden Satzteile.

1. If I don't get good grades,	.... **A** I could buy a big house.
2. If I don't get a job,	.... **B** I will not be unemployed.
3. If I don't do my homework,	.... **C** I won't have any money.
4. If I don't get fired,	.... **D** my dad won't send me to college.
5. If I don't go bankrupt,	.... **E** my teacher might get angry.

PASS OR FAIL?

Bringen Sie die Buchstaben in die richtige Reihenfolge und finden Sie heraus, wie man diese Noten in Worten ausdrückt.

1. A .... **XLCEENTLEC**

2. B .... **RYEV ODGO**

3. C .... **ATICOSASFYTR**

4. D .... **CEOLS ALFI**

5. E + F .... **ILFA**

LÖSUNG

If I don't ...: **1.** D, **2.** C, **3.** E, **4.** B, **5.** A

Pass or fail?: **1.** excellent, **2.** very good, **3.** satisfactory, **4.** close fail, **5.** fail

84 UGLY FACES

Seeing one of her students making faces at others in the playground, Mrs. Matthews stopped to gently reprove the child. Smiling sweetly the teacher said, "When I was a child, I was told if I made ugly faces I would stay like that."
The student looked up and replied, "Well, you can't say you weren't warned, Mrs. Matthews."

Als Mrs. Matthews sah, wie einer ihrer Schüler auf dem Schulhof anderen Kindern Grimassen schnitt, blieb sie stehen, um das Kind freundlich zu ermahnen. Mit einem milden Lächeln sagte die Lehrerin: „Als ich ein Kind war, erzählte man mir, dass meine Grimassen mir im Gesicht stehen bleiben würden."
Der Schüler sah hoch und antwortete: „Na ja, Sie können nicht sagen, dass man Sie nicht gewarnt hat, Mrs. Matthews."

Ursprünglich an der Elite-Uni Cambridge eingeführt, um die Einzigartigkeit der Studierenden hervorzuheben, werden *Schuluniformen*, **school uniforms**, in Großbritannien heutzutage an vielen Schulen getragen. Mädchen tragen Rock oder Hose mit Bluse, Jungs Hose und Hemd oder Poloshirt und Krawatte. Jede Schule hat ihr eigenes Emblem oder Wappen, das in der Regel auf die Schuluniform aufgedruckt oder aufgestickt ist.

CLASSROOM PHRASES

Wählen Sie bei diesen classroom, phrases – Sätzen, die in einem Klassenzimmer fallen können, das jeweils passende Wort aus.

1. Could you speak **on** | **up**, please?
2. Please fill **in** | **out** the gaps.
3. We have five minutes **still** | **left**.
4. Please look **into** | **in** your books.
5. Please open your books **at** | **by** page ten.
6. What can you see **in** | **on** this picture?

ONE MORE ODD ONE OUT

Welches Wort passt nicht? Kreuzen Sie an.

1. ○ **A** reprove
○ **B** admonish
○ **C** praise

2. ○ **A** neglect
○ **B** learn
○ **C** grasp

3. ○ **A** fail
○ **B** flop
○ **C** pass

LÖSUNG
Classroom phrases: **1.** up, **2.** in, **3.** left, **4.** in, **5.** at, **6.** in
One more odd one out: **1.** C, **2.** A, **3.** C

85 EASY CHOICE

Two IT students are walking across a university campus when one says, "Where did you get such a great bike?"
The second student replies, "Well, I was walking along yesterday, when a beautiful fellow student from one of my courses rode up on this bike. She stopped, threw it to the ground, took off all her clothes and said to me, 'Take what you want.'"
The first information technologist nods approvingly and says, "Good choice. The clothes probably wouldn't have suited you anyway."

Zwei Informatikstudenten laufen über das Unigelände, als einer fragt: „Wo hast du dieses tolle Fahrrad her?" Der zweite Student antwortet: „Nun, gestern war ich gerade unterwegs, als eine schöne Kommilitonin aus einem meiner Kurse auf diesem Fahrrad angefahren kam. Sie hielt an, warf es auf den Boden, zog all ihre Kleider aus und sagte zu mir: 'Du kannst alles (von mir) haben, was du willst.'" Der erste Informatiker nickt zustimmend und sagt: „Gute Wahl. Die Klamotten hätten dir wahrscheinlich sowieso nicht gepasst."

CONDITIONAL PERFECT

Das conditional perfect verwendet man für Handlungen und Ereignisse in der Vergangenheit, die nicht stattgefunden haben und auch nicht mehr stattfinden können: The clothes wouldn't have suited you anyway. Es wird gebildet mit

would + have + past participle

Entscheiden Sie, ob conditional oder conditional perfect gebraucht werden und setzen Sie die richtige Form ein.

1. If he hadn't met the girl, he .... *(not get)* the bike.
2. If I were you, I .... *(not take)* the clothes.
3. I .... *(not go out)* with her. She will no doubt ask for more.
4. If she hadn't thrown away the bike, I never .... *(notice)* her.

RENDEZVOUS

Bei diesen Redewendungen geht es ums Anknüpfen von Beziehungen. Ordnen Sie sie ihren deutschen Entsprechungen zu.

1. to ask someone out	.... **A** jdn. abschleppen
2. to chat someone up	.... **B** mit jdm. flirten
3. to pick someone up	.... **C** sich an jdn. heranmachen
4. to make a play for someone	.... **D** sich mit jdm. verabreden

LÖSUNG
Conditional perfect: **1.** wouldn't have got, **2.** wouldn't take, **3.** wouldn't go out **4.** would have noticed
Rendezvous: **1.** D, **2.** B, **3.** A, **4.** C

86 LUCKY THIRTEEN? ★

1 „Oh! Die Polizei ist hier. Schnell! Spring aus dem Fenster!"
2 „Aber wir sind hier im 13.Stock."
3 „Beeil dich! Jetzt ist nicht der passende Zeitpunkt, um abergläubisch zu sein."

Der auch bei uns für einen englischen Polizisten bekannte Spitzname **Bobby** geht zurück auf Innenminister Sir **Robert Peel**, der im 19. Jahrhundert die **Metropolitan Police** in London gründete.

KNOW YOUR NUMBERS

Ordnungszahlen bildet man im englischen, indem man -th an die Grundzahl anhängt. Ausnahmen sind 1. first, 2. second und 3. third. Schreibt man eine Ordnungszahl in Ziffern, werden die letzten beiden Buchstaben des geschriebenen Wortes der Zahl nachgestellt: 1st oder 1st, 2nd oder 2nd, etc. Zusammengesetzte Ordnungszahlen benötigen einen Bindestrich: forty-second. Ordnen Sie die richtige Ziffer zu.

1. the thirtieth
- ○ **A** 13th
- ○ **B** 30th

2. the forty-fifth
- ○ **A** 54th
- ○ **B** 45th

3. the fifteenth
- ○ **A** 15th
- ○ **B** 50th

INSIDE OUT

Setzen Sie die passende Präposition ein.

1. Come ...., please!

2. Put the money .... the table!

3. Nobody is .... home.

4. Let's go .... the police station.

5. Hold the door open – I want to get ....

to   at   on

in   out

LÖSUNG

Know your numbers: **1.** B, **2.** B, **3.** A

Inside out: **1.** in, **2.** on, **3.** at, **4.** to, **5.** out

87 COLOUR BLIND? ★

A policeman comes to the office with one black shoe and one white shoe.
His boss starts to yell at him: “You are ruining the police’s reputation, go home and change your shoes.”
The policeman goes home and comes back after a while.
“Boss, I have a problem, the other pair of shoes at home are black and white, too”.

Ein Polizist kommt mit einem schwarzen und einem weißen Schuh ins Büro.
Sein Chef schreit ihn an: „Sie ruinieren den guten Ruf der Polizei! Gehen Sie nach Hause und wechseln Sie Ihre Schuhe."
Der Polizist geht heim und kehrt nach einiger Zeit zurück.
„Chef, ich habe ein Problem; das andere paar Schuhe zu Hause ist auch schwarz und weiß."

policeman / policewoman
Polizist/in

riot shield
Schutzschild

ID badge
Dienstmarke

police dog
Polizeihund

service pistol
Dienstpistole

TRUE COLOURS

Finden Sie die acht Farben im Wortgitter?

S	Q	O	X	F	Z	P	J	F	W
C	O	R	A	N	G	E	N	E	S
S	R	E	L	G	R	S	M	N	B
J	A	D	S	Y	E	A	Q	B	L
E	B	N	P	X	E	N	Q	L	U
B	B	R	O	W	N	I	N	A	E
H	V	W	H	I	T	E	I	C	G
K	U	W	O	D	R	X	W	K	F
N	J	Y	E	L	L	O	W	A	N

DRESSED UP

Welche Kleidungsstücke sind hier dargestellt? Verbinden Sie.

1

2

3

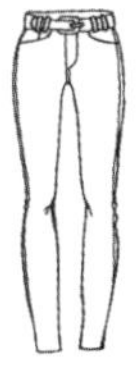

4

5

6

...... **A** trousers

...... **B** jacket

...... **C** dress

...... **D** shirt

...... **E** skirt

...... **F** scarf

LÖSUNG

True colours: **1.** orange, **2.** brown, **3.** white, **4.** yellow, **5.** red, **6.** green, **7.** black, **8.** blue

Dressed up: **1.** E, **2.** B, **3.** F, **4.** A, **5.** C, **6.** D

88 DRUNKEN DRIVER? ★★

Road traffic control:

Verkehrskontrolle:
1 „Weinbrand, Whisky, irgendwelche Drogen?"
2 „Nein, danke, ich hatte schon genug. Aber eine Tasse Kaffee wäre schön."

Bevor die damalige Labour-Regierung die *Sperrstunde*, **closing time**, in England und Wales Ende 2005 abschaffte, war in den Pubs um 23 Uhr Schluss mit lustig. Wenn der Ruf **"Last orders, please!"** – *„Die letzte Runde bitte"* – ertönte, wurde nochmals möglichst viel möglichst schnell getrunken – sogenanntes **binge drinking**. Obwohl die Sperrstunde heute offiziell nicht mehr existiert, halten viele Pubs dennoch an ihr fest.

ROAD SIGNS

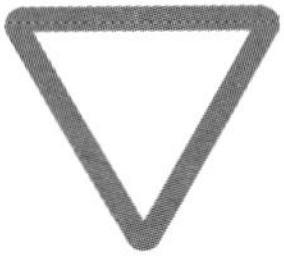

give way

no entry

roundabout

ahead only

no overtaking

no waiting

DRIVE SAFELY

Finden Sie in der Wortschlange die englischen Wörter für *Führerschein, Geschwindigkeitsbegrenzung* und *Signalleuchte?* Im Englischen sind es jeweils zwei Wörter.

PDRIVINGLICENCEREMOERTSPEEDLIMITBESASIMAMARLIGHTSIGNALINRIANT

LÖSUNG
Drive safely: **1.** driving licence, **2.** speed limit, **3.** light signal

89 A BLESSING ★★

On a rural road a policeman pulled a farmer over and said, "Sir, do you realize your wife fell from the tractor several miles back?"
To which the farmer replied, "Thank God! I thought I had gone deaf."

Auf einer Landstraße winkte ein Polizist einen Bauern auf die Seite und sagte: „Haben Sie eigentlich bemerkt, dass Ihre Frau vor ein paar Meilen vom Traktor gefallen ist?"
Worauf der Bauer antwortete: „Gott sei Dank! Ich dachte schon, ich sei taub geworden."

deaf
taub

lame
lahm

blind
blind

deaf-mute
taubstumm

mute
stumm

TURN A BLIND EYE

Unser Bauer im Witz turns a blind eye to something – ***verschließt die Augen vor etwas*****: Es gibt viele Redewendungen im Englischen, bei denen es um beeinträchtigte Sinne geht. Finden Sie das passende Wort?**

1. He was .... to everything I said.
2. You'd better not go home. Your father is .... with rage.

3. Without her glasses, she is as .... as a bat.
4. Grandpa is as .... as a post.
5. I promise: I'll be as .... as a fish.

blind deaf mute

FALSE FRIENDS

Manche englische Wörter sind Wörtern im Deutschen ähnlich, haben aber eine ganz andere Bedeutung. Ordnen Sie zu.

1. realize	.... **A** Geständnis
2. murder	.... **B** sich fragen
3. confession	.... **C** werden
4. gift	.... **D** überholen
5. become	.... **E** erkennen
6. wonder	.... **F** Mord
7. overtake	.... **G** Geschenk

LÖSUNG
Turn a blind eye: **1.** deaf, **2.** blind, **3.** blind, **4.** deaf, **5.** mute
False friends: **1.** E, **2.** F, **3.** A, **4.** G, **5.** C, **6.** B, **7.** D

90 NICE NURSE PLEASE ★★

After a car crash one of the drivers is lying injured at the side of the road.
"Don't worry," says a policeman, "a Red Cross nurse is coming to attend to you."
"Oh no," the victim groans, "couldn't I have a blonde, cheerful one?"

Nach einem Autounfall liegt einer der Fahrer verletzt am Straßenrand.
„Keine Angst", sagt ein Polizist, „eine Krankenschwester vom Roten Kreuz (bzw. eine rothaarige, mürrische Krankenschwester) ist unterwegs und wird sich um Sie kümmern."
„Oh nein", stöhnt das Opfer, „können Sie mir nicht eine blonde, gut gelaunte schicken?"

Der Witz spielt mit der doppelten Bedeutung des Wortes **cross**. Als Substantiv ist **cross** ein *Kreuz*, als Adjektiv dagegen bedeutet es *mürrisch, verärgert*. Das Verb **to cross** heißt *durchqueren* oder *überqueren*. **To cross oneself** ist der englische Ausdruck für *sich bekreuzigen*, **to cross somebody** bedeutet, dass Sie *jemandem widersprechen*.

OUT OF PURE COURTESY

Höfliche Fragen oder Aufforderungen kann man im Englischen mit would oder could bilden. Bei einer höflichen Aufforderung kann would auch in einer if-clause stehen. Bringen Sie die Sätze in die richtige Reihenfolge.

1. please | your | you | licence | Would | show | driving | me | ?

....

2. police, | call | the | you | Could | please | ?

....

3. the | mind | window | I | Would | if | closed | you | ?

....

4. take | the | you | possibly | Could | hospital | to | me | ?

....

5. appreciate | nurse | I | you | it, | another | would | send | would| if | .

....

....

SOS

Wie heißen diese Rettungsfahrzeuge?

1

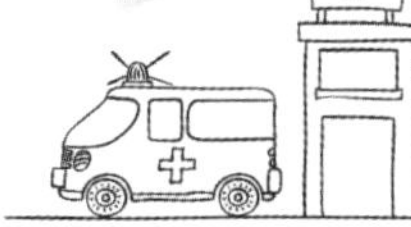

AAULNMCEB

....

2

RFIE EEINNG

....

3

RPTOLA RAC

....

LÖSUNG
Out of pure courtesy: **1.** Would you show me your driving licence please?, **2.** Could you call the police, please?, **3.** Would you mind if I closed the window?, **4.** Could you possibly take me to the hospital?, **5.** I would appreciate it, if you would send another nurse.
SOS: **1.** ambulance, **2.** fire engine, **3.** patrol car

91 AN HONEST DRIVER ★★★

A policeman pulls a man over for dangerous driving. He asks him to blow into a breathalyser®.
The man replies, “I can’t do that, officer.” “Why not?”
“Because I’m asthmatic. If I blow into that tube I could get an asthma attack.”
“All right then, just walk along this white line.” “Can’t do that either, officer.” “Why not?”
“Because I’m drunk!”

Ein Polizist winkt einen Mann wegen gefährlichen Fahrens an den Straßenrand. Er fordert ihn auf, in ein Alkoholtestgerät zu pusten.
Der Mann antwortet: „Das kann ich nicht machen, Herr Polizist.“ „Warum nicht?“
„Weil ich Asthmatiker bin. Wenn ich in das Röhrchen puste, könnte ich einen Asthmaanfall bekommen.“
„Also gut, dann gehen Sie diese weiße Linie entlang.“
„Das kann ich auch nicht machen, Herr Polizist.“
„Warum nicht?“
„Weil ich betrunken bin!“

Unser Autofahrer ist ein wahrheitsliebender Mensch. Er hätte dem Polizisten ja auch *etwas vormachen* – **kid him** oder **fool him** – oder ihn *hinters Licht führen* können: **pull the wool over his eyes**. Vielleicht dachte er sich, dass *am Ende ja sowieso alles herauskommt* – **it’ll all come out in the wash.**

KING OF THE ROAD

Setzen Sie diese Verkehrsregeln und -empfehlungen richtig zusammen.

1.	You must not drive on	....	**A**	do not slow down unnecessarily.
2.	Overtake only when	....	**B**	at road junctions.
3.	Take extra care	....	**C**	it is safe and legal to do so.
4.	Allow pedestrians	....	**D**	you should use your mirrors.
5.	When passing the scene of an incident,	....	**E**	or over a pavement or footpath.
6.	Before you turn right	....	**F**	plenty of time to cross.

EMERGENCY!

Finden Sie in der Textschnecke die englischen Wörter für *Blaulicht* (drei Wörter), *Martinshorn*, *Warndreieck* (zwei Wörter) und *Megafon?*

LÖSUNG
King of the road: **1.** E, **2.** C, **3.** B, **4.** F, **5.** A, **6.** D
Emergency!: **1.** flashing blue lights, **2.** siren, **3.** warning triangle, **4.** loudhailer

92 STREET ART

A juggler, driving to his next performance, is stopped by the police.
"What are those knives doing in your car?" asks the officer.
"I juggle them in my act."
"Oh, yeah?" says the cop. "Let's see you do it."
So the juggler starts tossing and juggling the knives.
A guy driving by sees this and says to his passenger, "Wow, am I glad I quit drinking. Look at the test they're making you do now!"

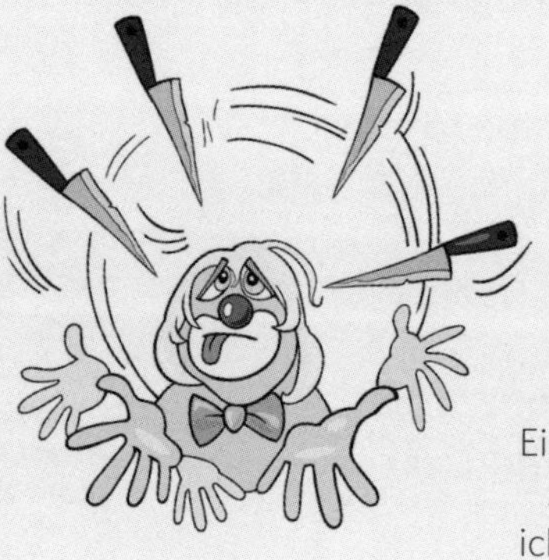

Ein Jongleur, der gerade zu seinem nächsten Auftritt fährt, wird von der Polizei angehalten. „Was haben diese Messer in Ihrem Auto zu suchen?", fragt der Polizist. „Ich jongliere in meiner Show damit."
„Ach ja?", sagt der Polizist. „Dann zeigen Sie mal, wie Sie das machen."
Also fängt der Jongleur an, die Messer hochzuwerfen und damit zu jonglieren.
Ein Typ, der im Auto vorbeifährt, sieht das und sagt zu seinem Beifahrer: „Oh Mann, bin ich froh, dass ich mit dem Trinken aufgehört habe. Schau dir bloß die Tests an, die sie einen heutzutage machen lassen."

Ab einem Alter von 15 Jahren und 9 Monaten kann man in Großbritannien offiziell Autofahren lernen. Hierzu benötigt man eine **provisional driving licence** – eine *vorläufige Fahrerlaubnis*. Die Übungsstunden finden in Gegenwart eines *Fahrlehrers*, **driving instructor** oder einer anderen Person, die die Vorgaben erfüllt, statt. Dabei muss das Auto mit einem Schild „**L**" für **learner** versehen sein.

FIND THE WRONG WORD

Welches Wort passt nicht in die Reihe?

1. toss | soothe | hurl
2. performance | rehearsal | reputation
3. crawler | lad | guy
4. quit | stop | begin

YOU DRIVE ME CRAZY!

Ordnen Sie diese Redewendungen rund um das Wort drive ihren deutschen Entsprechungen zu.

1. be in the driving seat	.... **A**	hart verhandeln
2. drive a hard bargain	.... **B**	seinen Standpunkt klarmachen
3. drive a wedge between somebody	.... **C**	das Steuer in der Hand haben
4. drive one's message home	.... **D**	einen Keil zwischen jemanden treiben

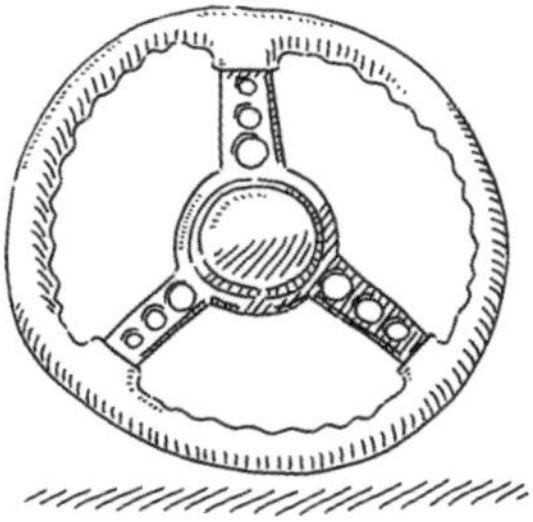

LÖSUNG
Find the wrong word: **1.** soothe, **2.** reputation, **3.** crawler, **4.** begin
You drive me crazy!: **1.** C, **2.** A, **3.** D, **4.** B

93 MULTITASKING ★★★

A policeman driving down the motorway pulls alongside an old lady and is amazed to see her knitting whilst driving.
The policeman quickly winds down his window and screams angrily at her, “Pull over!”
“No,” shouts back the old lady, “scarf!”

Ein Polizist, der gerade auf der Autobahn unterwegs ist, fährt an einer alten Dame vorbei und ist vollkommen verblüfft, als er sieht, dass sie beim Fahren strickt. Der Polizist kurbelt schnell sein Fenster herunter und schreit sie verärgert an: „Halten Sie auf dem Seitenstreifen!“ (bzw. „Pullover!“)„Nein“, schreit die alte Dame zurück, „Schal!“

Der Witz beruht auf einem Wortspiel: Mit dem Substantiv **pullover** bezeichnet man, wie im Deutschen, das Kleidungsstück. Als Verb bedeutet **to pull over** *auf den Seitenstreifen fahren, rechts / links ranfahren.*

PULL OVER!

Sie erinnern sich? Im Kapitel Restaurants & Food haben Sie gelernt, was man unter phrasal verbs versteht. Der Polizist in unserem Witz fordert die Autofahrerin mit einem phrasal verb auf, *an den Seitenstreifen zu fahren* – to pull over. Wählen Sie die für die folgenden Sätze passende Präposition bzw. das passende Adverb aus.

1. He ran **over** | **into** his long-lost friend. *(über den Weg laufen)*
2. My daughter takes **to** | **after** her father. *(ähneln)*
3. Stop picking **on** | **after** me! *(herumhacken)*
4. If you insist, maybe she'll give **in** | **up**. *(nachgeben)*
5. I can't put **off** | **up** with her jealousy. *(ertragen)*
6. We are looking **ahead** | **forward** to hearing from you. *(sich freuen)*

SCREAMING AND SHOUTING

Welches Wort passt nicht zu den anderen beiden?

1. ○ **A** scream
○ **B** moan
○ **C** yell

2. ○ **A** softly
○ **B** swiftly
○ **C** quickly

3. ○ **A** amazed
○ **B** astonished
○ **C** delighted

LÖSUNG
Pull over!: **1.** into, **2.** after, **3.** on, **4.** in, **5.** up, **6.** forward
Screaming and shouting: **1.** B, **2.** A, **3.** C

94 HOW TO PRAY ★

When I was a kid I used to pray for a bike every night. Then I realized God doesn't work that way, so I stole one and asked him to forgive me instead.

Als ich ein Kind war, betete ich jede Nacht dafür, dass ich ein Fahrrad bekomme. Dann wurde mir klar, dass es mit dem lieben Gott so nicht funktioniert, also habe ich stattdessen eines gestohlen und ihn gebeten, mir zu vergeben.

service
Gottesdienst

sin
Sünde

mass
Messe

sermon
Predigt

confess
beichten

blessing
Segen

prayer
Gebet

EACH AND EVERY ONE OF US

Each und every – *jede/r* – bezeichnen die Zugehörigkeit zu einer Gruppe. Every stellt die Menge als Einheit in den Vordergrund und ist verallgemeinernd. Each betont die Individualität innerhalb einer Menge oder Gruppe. Every kann nicht alleine stehen, Each hingegen schon. Entscheiden Sie nun: each oder every?

1. I go to bed at 10 o' clock .... night.
2. She knows .... little thing about me.
3. .... of us owns a house.
4. .... pupil must do his or her homework.
5. You've bought three bottles of wine? How much does .... bottle cost?

FROM DAWN TO DUSK

Was gehört zum Tag, was zum Abend bzw. zur Nacht? Ordnen Sie die Wörter zu:

1. sunrise
2. sunlight
3. dusk
4. day
5. darkness
6. sunset
7. dawn
8. night

LÖSUNG
Each and every one of us: **1.** every, **2.** every, **3.** Each, **4.** Every, **5.** each
From dawn to dusk: Sonne: **1.**, **2.**, **4.**, **6.**, **7.**, Mond: **3.**, **5.**, **8.**

95 WHERE AM I? ★

Hello, doctor, was my operation a success?[1]

Sorry mate, my name's Saint Peter.[2]

1 „Hallo, Herr Doktor, war meine Operation erfolgreich?"
2 „Tut mir leid, mein Freund, aber mein Name ist Petrus."

Mit **sorry!** – *Entschuldigung! / Es tut mir leid!* – drücken Sie im Englischen ihr Bedauern aus. Haben Sie etwas nicht richtig verstanden oder gehört, sagen Sie **sorry?** *Wie bitte?* **Excuse me**, *Entschuldigung*, sagt man hingegen, um jemanden auf sich aufmerksam zu machen – zum Beispiel den Ober im Restaurant.

FIND THE RIGHT WORDS

Unser Patient begrüßt den vermeintlichen Arzt nach dem Erwachen mit hello – *hallo*. Aber was sagen Sie, wenn …

1. … man Ihnen jemanden vorstellt?

○ **A** Good to see you.

○ **B** Nice to meet you.

2. … man Sie fragt, wie es Ihnen geht?

○ **A** I feel very good.

○ **B** I'm fine.

3. … Sie sich verabschieden?

○ **A** See you later.

○ **B** We'll see each other again.

WHEN THE SAINTS GO MARCHING IN

Die *Himmelspforte* heißt pearly gates auf Englisch. Finden Sie in der Wortschlange die englischen Begriffe für *Heiliger, Engel, Paradies* und *Himmel?*

SARILWSAINTRTIWIMNPOANGELMOBIAAROBPARADISEAROSMVEINDHEAVENTICHELE

LÖSUNG

Find the right words: **1.** B, **2.** B, **3.** A,

When the saints go marching in: **1.** saint, **2.** angel, **3.** paradise, **4.** heaven

96 A HEAVENLY DEAL ★

God, how long is a million years?[1]

For me, my son, it's about a minute.[2]

God, how much is a million dollars?[3]

For me, my son, it's a penny.[4]

God, may I have a penny?[5]

My son, just wait a minute.[6]

1 „Lieber Gott, wie lange dauert eine Million Jahre?"
2 „Für mich, mein Sohn, ungefähr eine Minute."
3 „Lieber Gott, wie viel ist eine Million Dollar?"
4 „Für mich, mein Sohn, so viel wie ein Penny."
5 „Lieber Gott, kann ich einen Penny haben?"
6 „Warte nur eine Minute, mein Sohn."

MUCH OR MANY?

Much (*viel*) und **many** (*viele*) drücken eine unbestimmte Menge oder Anzahl aus. Sie werden unterschiedlich gebraucht. **Much** verwendet man bei nicht zählbaren Nomen, die im Singular stehen: **How much is a million dollars?** – *Wie viel ist eine Million Dollar?* **Many** gebraucht man bei zählbaren Nomen, die im Plural stehen: **How many years ...?** – *Wie viele Jahre ...?* Setzen Sie das passende Wort ein.

1. I don't have .... time.

2. How .... sugar do we have?

3. There are still .... open questions.

4. How .... books do you have?

5. There isn't .... milk left.

TIME MACHINE

Finden Sie die sieben Zeiteinheiten im Wortgitter?

S	Q	O	X	F	Z	P	J	F	W
E	A	M	I	N	U	T	E	E	S
C	R	N	W	E	E	K	M	N	S
O	A	M	S	Y	M	O	N	T	H
N	B	N	H	X	F	N	Q	C	S
D	I	Z	O	N	T	I	N	D	O
H	V	A	U	D	A	L	I	A	G
K	U	W	R	D	R	X	W	Y	F
N	Y	E	A	R	R	O	M	A	N

LÖSUNG
Much or many?: **1.** much, **2.** much, **3.** many, **4.** many, **5.** much
Time machine: **1.** minute, **2.** week, **3.** month, **4.** year, **5.** second, **6.** hour, **7.** day

97 A HELPFUL PRIEST ★★

A priest sees a young boy trying to ring a doorbell but just can't reach it.
The kind priest walks over and presses it for him.
The young boy looks at him and says, "Now we run away!"

Ein Pfarrer sieht, wie ein kleiner Junge versucht, eine Türklingel zu drücken, sie aber nicht erreichen kann.
Der nette Pfarrer geht zu dem Jungen und drückt die Klingel für ihn.
Der Junge schaut ihn an und sagt: „Und jetzt rennen wir weg!"

Die Anfänge der **Church of England** liegen im 16. Jahrhundert, als sich **King Henry VIII** von seiner ersten Frau scheiden lassen wollte, um seine neue Liebe **Anne Boleyn** zu heiraten. Was er auch tat – trotz des Verbots durch die katholische Kirche. Diese exkommunizierte ihn daraufhin. Henry erklärte sich zum Oberhaupt der **Church of England** und wurde mit einem Gesetz, dem sogenannten **Act of Supremacy** durch das Parlament bestätigt. Noch heute ist die **Queen** daher gleichzeitig Staatsoberhaupt und Oberhaupt der anglikanischen Kirche.

JOKING AROUND

Zum angelsächsischen Humor gehören auch practical jokes oder pranks – *Streiche* wie Klingelputzen. Setzen Sie in die Beschreibung dieser Bräuche die passenden Wörter ein.

joke
trick
custom
prank
fool
sweets
victim

1. 'Knock, knock, ginger' is a popular children's ....: Children knock on the door or ring the bell of a .... and run away.
2. An April fools .... is a practical joke or prank, revealed by shouting "April ....!"
3. Trick-or-treating is a Halloween ...., in which children knock on doors, shouting "trick or treat!". If they don't get a treat such as ...., they play a .... on their victim.

HOLY PEOPLE

Finden Sie in der Textschnecke fünf Personen, die zur Kirche gehören?

LÖSUNG
Joking around: **1.** prank, victim, **2.** joke, fool, **3.** custom, sweets, trick
Holy people: **1.** bishop, **2.** pope, **3.** priest, **4.** organist, **5.** altar server

98 GOOD AND BAD NEWS ★★

One Sunday morning a pastor announced to his congregation,
"I have good news and bad news. The good news is, we have enough money to pay for our new church roof."
A loud cheer erupted from the congregation.
"The bad news is, it's still out there in your pockets."

Eines Sonntagmorgens verkündete ein Pastor seiner Gemeinde:
„Ich habe eine gute und eine schlechte Nachricht. Die gute Nachricht ist, dass wir genug Geld für unser neues Kirchendach haben."
Lauter Beifall ertönte unter den Gemeindemitgliedern.
„Die schlechte Nachricht lautet, es befindet sich noch (alles) in Ihren Taschen."

bells
Glocken

steeple
Kirchturm

pulpit
Kanzel

organ
Orgel

vestry
Sakristei

gallery
Empore

CAN YOU SPEAK ENGLISH YET?

Already (*schon, bereits*), still (*(immer) noch*) und yet (*noch, schon, aber*) sind Adverbien der Dauer. Already und still stehen in der Regel vor dem Vollverb oder nach dem ersten Hilfsverb oder einer Form von to be. Yet am Anfang eines Satzes bedeutet *aber*, am Ende eines verneinten Satzes *noch nicht*, in Fragen *schon*. Setzen Sie das passende Wort ein.

1. Even if I don't agree with the priest, I am .... a member of the church.
2. I don't like what he says and .... he needs the money.
3. The roof hasn't been renovated ....
4. He's .... got part of the sum.
5. Have you donated any money ....?

still yet already

NURSERY RHYME

Ergänzen Sie die fehlenden Wörter in diesem Kinderreim.

1. Here is the .... **(CCRHHU)**
2. and here is the .... **(LESPEET)**.
3. Open the doors and see all the .... **(LEPEPO)**.
4. Here is the parson (*Priester*) climbing .... **(STUASPIR)**
5. and here he is saying his .... **(YEPARRS)**.

LÖSUNG
Can you speak English yet?: **1.** still, **2.** yet, **3.** yet, **4.** already, **5.** yet
Nursery rhyme: **1.** church, **2.** steeple, **3.** people, **4.** upstairs, **5.** prayers

99 BRAIN OR MUSCLES? ★★

Three guys had to cross a lake.
The first one prayed for strength and swam across the lake, but almost drowned.
The second guy prayed for strength and tools to make a boat, and rowed himself across the lake, and almost drowned when the boat capsized.
The third guy prayed for the strength, the tools, and the brains.
He turned into a woman walked four metres, and crossed the bridge.

Drei Männer mussten einen See überqueren. Der erste betete um Kraft und schwamm durch den See, wäre aber beinahe ertrunken. Der zweite Mann betete um Kraft und um Werkzeug, um ein Boot zu bauen, ruderte über den See und ertrank beinahe, als das Boot kenterte. Der dritte Mann betete um Kraft, Werkzeug und Verstand. Er verwandelte sich in eine Frau, ging vier Meter zu Fuß und über die Brücke.

Wussten Sie schon, dass der **Lake District** der größte Nationalpark Englands ist? Seit 2017 steht er auf der **UNESCO World Heritage List** – der Liste des *UNESCO-Welterbes*. Auch **Stonehenge**, die Stadt **Bath**, die Küsten von **Dorset** und **West-Devon** und die Schottland vorgelagerten Inselgruppe **St. Kilda** werden neben einer Reihe weiterer Orte und Landschaften dort gelistet.

ON LAND AND ON WATER

See, Berg, Fluss, Nationalpark oder Insel? Ordnen Sie die Namen links richtig zu – die Buchstaben ergeben den Namen des drittlängsten Flusses in Großbritannien.

	Lake	Mountain	River	National Park	Island
1. Snowdon	**A**	**T**	**F**	**R**	**N**
2. Lomond	**R**	**E**	**C**	**M**	**I**
3. Man	**E**	**G**	**H**	**A**	**E**
4. Severn	**F**	**O**	**N**	**A**	**N**
5. Yorkshire Dales	**N**	**U**	**E**	**T**	**L**

SINKING SHIP

Welches Wort passt nicht in die Reihe?

1. drown | emerge | sink | capsize

2. boat | vessel | convertible | ship

3. cross | stay | pass over | traverse

LÖSUNG
On land and on water: TRENT
Sinking ship: **1.** emerge, **2.** convertible **3.** stay

100 HOLY BATH ★★

A Sunday school teacher asks her pupils where God lives.
A small boy raises his hand and says, "God lives in our bathroom."
"In your bathroom?" asks the teacher. "What makes you think he's in there?"
The boy replies, "Because every morning my daddy bangs on the bathroom door and shouts, 'My God, are you still in there?'"

Die Lehrerin einer Sonntagsschule fragt ihre Schüler, wo Gott wohnt.
Ein kleiner Junge hebt seine Hand und sagt: „Gott wohnt in unserem Badezimmer."
„In eurem Badezimmer?", fragt die Lehrerin. „Warum glaubst du, dass er da drin ist?"
Der Junge erwidert: „Weil mein Papa jeden Morgen an die Badezimmertür klopft und schreit: ‚Mein Gott, bist du immer noch da drin?'"

Sunday schools, *Sonntagsschulen*, entstanden im England des 18. Jahrhunderts um Kindern aus ärmsten Verhältnissen Bildung zu ermöglichen. Sie erhielten Unterricht in Lesen, Schreiben, Rechnen und Bibelwissen. Heute erhalten Kinder in **Sunday schools** vor dem Gottesdienst Religionsunterricht, z. B. als Vorbereitung auf die Erstkommunion oder Firmung.

ARE YOU CONFUSED?

Wie to raise *(heben)* und to rise *((an)steigen)* werden auch die Formen von to lie *(liegen)* und to lay *(legen)* oder to remember sb/sth *(sich an etw./jdn. erinnern)* und to remind sb *(jdn. erinnern)* oft verwechselt. Entscheiden Sie, welches Verb passt.

1. Let's **raise** | **rise** our glasses.
2. He **remembers** | **reminds** me of his mother.
3. Please **lie** | **lay** the book on the table.
4. He **laid** | **lay** his head on the pillow.
5. I don't **remember** | **remind** his name.

YOU DON'T SAY!

Der Vater in unserem Witz ruft "My God!" – *„Mein Gott!"* Ordnen Sie diese umgangssprachlichen englischen Ausrufe ihren deutschen Entsprechungen zu:

1.	For heaven's sake!	.... **A**	Ach du meine Güte!
2.	Goodness gracious me!	.... **B**	Was du nicht sagst!
3.	You don't say!	.... **C**	Stell dir vor!
4.	No way!	.... **D**	Zum Donnerwetter!
5.	Damn it!	.... **E**	Um Himmels willen!
6.	Fancy that!	.... **F**	Kommt nicht in die Tüte!

LÖSUNG
Are you confused?: **1.** raise, **2.** reminds **3.** lay, **4.** laid, **5.** remember
You don't say!: **1.** E, **2.** A **3.** B, **4.** F, **5.** D, **6.** C

101 WHY ON EARTH?

Mrs Smith invited some friends over for dinner. At the table, a friend turned to Mrs Smith's five-year-old son Jack and said, "Would you like to say the blessing?"
"I wouldn't know what to say," Jack replied.
"Just say what Mummy would say," she answered.
Jack bowed his head and said quietly: "Lord, why on earth did I invite all these people to dinner?"

Frau Smith hatte ein paar Freunde zum Abendessen eingeladen. Am Tisch wandte sich eine Freundin an Jack, Frau Smiths fünfjährigen Sohn, und sagte: „Möchtest du den Segen sprechen?"
„Ich wüsste nicht, was ich sagen soll", erwiderte Jack.
„Sag einfach, was Mami sagen würde", antwortete sie.
Jack neigte seinen Kopf und sagte leise: „Herr, warum in aller Welt habe ich all diese Leute zum Abendessen eingeladen?"

Um beim Thema zu bleiben: Statt **why on earth?** – *warum um alles in der Welt?* – hätte Jacks Mutter auch sagen können **for God's sake**, *um Gottes willen.* Vielleicht dachte sie sich **heavens above!** – *du lieber Himmel!* Oder, wenn es sowieso keine Rolle mehr spielt: **What the hell!** *Was soll's!* All diese Ausdrücke sind mehr oder weniger *umgangssprachlich*, **slang**, und *sehr gebräuchlich* – **very common**.

BREAK A LEG!

Der kleine Jack in unserem Witz bows his head – er *neigt seinen Kopf*. Welches dieser Verben passt zu welchem Körperteil?

1.	shrug	.... **A**	one's hind legs
2.	bat	.... **B**	one's nose
3.	turn up	.... **C**	one's eyelashes
4.	get up on	.... **D**	a stiff upper lip
5.	keep	.... **E**	one's shoulders

JUST FOR THE HELL OF IT

Bringen Sie die Wörter dieser Redewendungen rund um devil *(Teufel)* und hell *(Hölle)* in die richtige Reihenfolge.

1.	auf Teufel komm raus	high | come | water | or | hell
2.	ob du willst oder nicht	must | when | needs | devil | the | drives
3.	der Teufel ist los	loose | all | breaks | hell
4.	wenn man vom Teufel spricht	devil | speak | the | of
5.	sich in einer Zwickmühle befinden	blue | between | be | the | the | and | sea | devil | deep

Will man jemanden loswerden, kann man ihn mit **"go to the devil! /go to hell!"** sprichwörtlich auch *zum Teufel* schicken. And now, at the end of this book, we hope you had **a hell of a time!** *(einen Heidenspaß!)*

LÖSUNG
Break a leg!: **1.** E, **2.** C, **3.** B, **4.** A, **5.** D
Just for the hell of it: **1.** come hell or high water, **2.** needs must when the devil drives, **3.** all hell breaks loose, **4.** speak of the devil, **5.** be between the devil and the deep blue sea

BILDNACHWEIS

3, 96 PONS GmbH (Mariela Schwerdt), Stuttgart; **4** Shutterstock (janista), New York; **10** Shutterstock (PenWin), New York; **11** Getty Images (Esra Sen Kula), München; **12** Shutterstock (GooseFrol), New York; **13.1, 53.4** Shutterstock (balabolka), New York; **13.2, 20, 24, 70.1** Getty Images (Drekhann), München; **14.1** PONS GmbH (Mariela Schwerdt), Stuttgart; **14.2, 19.1** Shutterstock (GooseFrol), New York; **15** Shutterstock (Cube29), New York; **16.1** PONS GmbH (Mariela Schwerdt), Stuttgart; **16.2** Shutterstock (okili77), New York; **17.1** Getty Images (WINS86), München; **17.2** Shutterstock (puruan), New York; **18** PONS GmbH (Mariela Schwerdt), Stuttgart; **19** Shutterstock (AVA Bitter), New York; **21.1, 78, 151.1** Shutterstock (Valeriya_Dor), New York; **21.2** Getty Images (FrankRamspott), München; **22.1, 23** Shutterstock (Diego Schtutman), New York; **22.2** Shutterstock (Gordt), New York; **25, 29.2, 36, 97** Shutterstock (Netkoff), New York; **26** Getty Images (jamtoons), München; **27** Shutterstock (GooseFrol), New York; **28.2** Getty Images (ninochka), München; **29.1** Getty Images (LokFung), München; **29.3, 43.1** Getty Images (LokFung), München; **30.1** PONS GmbH (Mariela Schwerdt), Stuttgart; **30.2** Getty Images (FrankRamspott), München; **31** Shutterstock (Elina Li), New York; **31** Shutterstock (MSSA), New York; **31** Getty Images (LokFung), München; **31** Shutterstock (Victoria Sergeeva), New York; **32** PONS GmbH (Mariela Schwerdt), Stuttgart; **33** Shutterstock (Victoria Sergeeva), New York; **34.1.1** PONS GmbH (Mariela Schwerdt), Stuttgart; **34.2, 40.2** Shutterstock (Fafarumba), New York; **35** Getty Images (A-Digit), München; **36.1** Getty Images (doodlemachine), München; **37** Getty Images (TongSur), München; **38.1** PONS GmbH (Mariela Schwerdt), Stuttgart; **38.2** Getty Images (Magnilion), München; **39** Getty Images (jamtoons), München; **41** Getty Images (LokFung), München; **42.1** Getty Images (FrankRamspott), München; **42.2** Getty Images (ilyast), München; **43.2** Getty Images (cako74), München; **44** Getty Images (jamtoons), München; **45.3, 28.1,107.3** Getty Images (insemar), München; **46** Getty Images (doodlemachine), München; **47.1, 52, 57, 60, 166** Getty Images (FrankRamspott), München; **47.2, 107.4.4** Shutterstock (Rattikankeawpun), New York; **48** Getty Images (FrankRamspott), München; **49** Getty Images (Esra Sen Kula), München; **50** Getty Images (Nastasic), München; **51** Shutterstock (Seek and Find), New York; **51** Getty Images (fleaz), München; **51.2, 109** Shutterstock (primiaou), New York; **51.4** Getty Images (macrovector), München; **53.53** Getty Images (kadirkaba), München; **53.53** Getty Images (LokFung), München; **54.1** PONS GmbH (Mariela Schwerdt), Stuttgart; **54.2** Getty Images (cenkerdem), München; **55** Getty Images (jamtoons), München; **56.1** PONS GmbH (Mariela Schwerdt), Stuttgart; **56.2, 167.2.2** Getty Images (Ming Lok Fung), München; **58.1** Getty Images (FrankRamspott), München; **58.2, 150** Getty Images (topform84), München; **59** Getty Images (LokFung), München; **59.1** Getty Images (cako74), München; **59.4** Getty Images (ElenaLux), München; **62.1** Shutterstock (Inga Linder), New York; **62.2** Shutterstock (Vera Serg), New York; **63** Getty Images (FrankRamspott), München; **64.1** Getty Images (FrankRamspott), München; **64.2, 71.1, 73, 75** Shutterstock (Natasha Pankina), New York; **65, 71.2** Getty Images (Ollustrator), München; **65.2** Shutterstock (Fears), New York; **66.1** Getty Images (FrankRamspott), München; **66.2, 67, 85** Getty Images (Ming Lok Fung), München; **68** PONS GmbH (Mariela Schwerdt), Stuttgart; **69** Getty Images (LokFung), München; **69, 107.6, 122, 128, 160** Shutterstock (Macrovector), New York; **70.2** Getty Images (LokFung), München; **72** Getty Images (ARTPUPPY), München; **74.1** Getty Images (LokFung), München; **74.2** Getty Images (LokFung), München; **76** Getty Images (LokFung), München; **77.1** Shutterstock (Multigon), New York; **77.2** Shutterstock (Minur), New York; **78** Shutterstock (nikiteev_konstantin), New York; **78.1, 93, 178.1** Shutterstock (KateMacate), New York; **79** Shutterstock (Alvaro Cabrera Jimenez), New York; **80** PONS GmbH (Mariela Schwerdt), Stuttgart; **81** Shutterstock (Farah Sadikhova), New York; **82** Shutterstock (Bhakti Manjari), New York; **83** Getty Images (FrankRamspott), München; **84** Shutterstock (Kateryna Fedorova Art), New York; **86.1** Shutterstock (Netkoff), New York; **86.2, 102.2.2** Shutterstock (Victoria Sergeeva), New York; **87.1** Getty Images (topform84), München; **87.2** Shutterstock (mhatzapa), New York; **88** Shutterstock (Kelly Hironaka), New York; **89** Shutterstock (Yuzach), New York; **89.1** Shutterstock (LHF Graphics), New York; **89.2** Getty Images (Natasha_ Pankina), München; **89.5** Getty Images (AlonzoDesign), München; **89.6, 95.3** Shutterstock (Natasha Pankina), New York; **89.7** Getty Images (Macrovector), München; **90** PONS GmbH (Mariela Schwerdt), Stuttgart; **91, 153** Shutterstock (Andre Adams), New York; **92** Shutterstock (Inate), New York; **94** PONS GmbH (Mariela Schwerdt), Stuttgart;

95.1 Getty Images (kostenkodesign), München; **95.2** Shutterstock (Irina Maksimova), New York; **95.4** Shutterstock (Nikolaeva), New York; **95.5** Shutterstock (ArtDesign Illustration), New York; **95.6** Shutterstock (Annykos), New York; **95.7** Shutterstock (Drawlab19), New York; **98** Shutterstock (ArtPhrodith), New York; **99, 107.2, 153** Getty Images (Dina Mariani), München; **100.1** Shutterstock (studiostoks), New York; **100.2** Shutterstock (Moriz), New York; **102.1** Shutterstock, New York; **102.2** Getty Images: Kapitel 5; **103** Shutterstock (NataLima), New York; **104.1** Getty Images (zaricm), München; **104.2** Shutterstock (Kurt Achatz), New York; **106.1** Shutterstock (avtor painter), New York; **106.2** Shutterstock (Daniela Barreto), New York; **107.1** Getty Images (pseudodaemon), München; **107.5** Getty Images (FrankRamspott), München; **108** Getty Images (FrankRamspott), München; **110** Getty Images (Art-Y), München; **112** PONS GmbH (Mariela Schwerdt), Stuttgart; **113** Getty Images (LokFung), München; **114** Getty Images (kbeis), München; **115.1, 115.3.1** Shutterstock (primiaou), New York; **115.2** Shutterstock (nubenamo), New York; **115.4** Shutterstock (primiaou), New York; **116** Shutterstock (Ayaruta), New York; **117** Shutterstock (bioraven), New York; **118** Getty Images (ARTPUPPY), München; **119** Shutterstock (nikiteev_konstantin), New York; **120** PONS GmbH (Mariela Schwerdt), Stuttgart; **121** Shutterstock (males_design), New York; **122** Shutterstock (Natasha Pankina), New York; **124** Getty Images (eveflinart), München; **126.1** Shutterstock (LHF Graphics), New York; **126.2** Shutterstock (The Toon Company), New York; **127.1** Shutterstock (Costertoast), New York; **127.2** Getty Images (albertc111), München; **127.3** Getty Images (Veronaa), München; **129.1** Shutterstock (Roi and Roi), New York; **129.2** Shutterstock (alicedaniel), New York; **130.1** PONS GmbH (Mariela Schwerdt), Stuttgart; **130.2** Getty Images (FrankRamspott), München; **131** Getty Images (FrankRamspott), München; **132.1** Shutterstock (aksol), New York; **132.2** Getty Images (ioanmasay), München; **133** Shutterstock (Nicoleta Ionescu), New York; **134** PONS GmbH (Mariela Schwerdt), Stuttgart; **135.1** Shutterstock (Cory Thoman), New York; **135.2** Getty Images (FrankRamspott), München; **136** Getty Images (FrankRamspott), München; **137.1** Shutterstock (piqbg), New York; **137.2** Getty Images (fleaz), München; **137.3** Getty Images (LEOcrafts), München; **138.1** Shutterstock (Daniela Barreto), New York; **138.2** Getty Images (kolb_art), München; **140.1** Getty Images (Satome Yokote), München; **140.2** Shutterstock (Tatyana Okhitina), New York; **141** Shutterstock (Lemonade Serenade), New York; **141** Shutterstock (Alexey_Erofejchev), New York; **142.1** Shutterstock (mayrum), New York; **142.2** Shutterstock (tsaplia), New York; **143.1** Getty Images (rakushka13sell), München; **143.2** Getty Images (frimages), München; **143.3** Getty Images (FrankRamspott), München; **143.4** Shutterstock (Alexander_P), New York; **144.1** Shutterstock (Iconic Bestiary), New York; **144.2** Shutterstock (IrynMerry), New York; **145** Getty Images (stockakia), München; **146** PONS GmbH (Mariela Schwerdt), Stuttgart; **147** Getty Images (frimages), München; **148.1** Shutterstock (Dmitry Natashin), New York; **148.2** Shutterstock (vectorisland), New York; **149** Shutterstock (redchocolate), New York; **152** Getty Images (cisale), München; **153** Shutterstock (GooseFrol), New York; **154** Getty Images (airdone), München; **155** Getty Images (Akiko Maki), München; **156** PONS GmbH (Mariela Schwerdt), Stuttgart; **157** Shutterstock (redchocolate), New York; **158.1** Shutterstock (Zdenek Sasek), New York; **158.2** Getty Images (AlonzoDesign), München; **159** Fotolia (qilli), New York; **160.1** Shutterstock (ComicVector703), New York; **161.1** Getty Images (grafikazpazurem), München; **161.2** Shutterstock (schiva), New York; **162** Shutterstock (Zdenek Sasek), New York; **163.1** Shutterstock (TungCheung), New York; **163.2** Getty Images (designalldone), München; **164.1** PONS GmbH (Mariela Schwerdt), Stuttgart; **164.2** Getty Images (pay404), München; **165** Getty Images (Mariia Diduk), München; **167.1** Getty Images (Sybirko), München; **168** Getty Images (zaricm), München; **169** Getty Images (Nina Sitkevich), München; **170** Shutterstock (Igor Zakowski), New York; **171** Getty Images (FrankRamspott), München; **172** PONS GmbH (Mariela Schwerdt), Stuttgart; **174.1** Getty Images (LokFung), München; **174.2** Getty Images (larryrains), München; **175.1** Shutterstock (josep perianes jorba), New York; **175.2** Getty Images (kostenkodesign), München; **176** Shutterstock (PenWin), New York; **177** Shutterstock (Goodreason), New York; **179** Getty Images (amtitus), München; **180** PONS GmbH (Mariela Schwerdt), Stuttgart; **181** Getty Images (cthoman), München; **182.1** Getty Images (Dinosuch), München; **182.2** Getty Images (Rassco), München; **183** Getty Images (bigredlynx), München; **184** Getty Images (TerrainScan), München; **185.1** Shutterstock (Artur Balytskyi), New York; **185.2** Shutterstock (Aluna1), New York; **186** PONS GmbH (Mariela Schwerdt), Stuttgart; **187** Shutterstock (vectortatu), New York; **188** Shutterstock (Lorelyn Medina), New York; **189.1** Shutterstock (Chereliss), New York; **189.2** Getty Images (PeterSnow), München